顶级
财税咨询师
一本通

麻瑞庆◎著

当代中国出版社
Contemporary China Publishing House

图书在版编目（CIP）数据

顶级财税咨询师一本通 / 麻瑞庆著. -- 北京：当代中国出版社, 2024. 9. -- ISBN 978-7-5154-1438-6

Ⅰ. F279.23；F812.423

中国国家版本馆 CIP 数据核字第 2024J7656J 号

出 版 人	王　茵
责任编辑	陈　莎
责任校对	康　莹
印刷监制	刘艳平
封面设计	回归线视觉传达
出版发行	当代中国出版社
地　　址	北京市地安门西大街旌勇里 8 号
网　　址	http://www.ddzg.net
邮政编码	100009
编 辑 部	（010）66572180
市 场 部	（010）66572281　66572157
印　　刷	香河县宏润印刷有限公司
开　　本	710 毫米 × 1000 毫米　1/16
印　　张	14 印张　177 千字
版　　次	2024 年 9 月第 1 版
印　　次	2024 年 9 月第 1 次印刷
定　　价	78.00 元

版权所有，翻版必究；如有印装质量问题，请拨打（010）66572159 联系出版部调换。

前 言

2024年伊始，国家八部门联合出台政策共同治税。财税管理相关政策收紧是必然趋势，企业合规化发展势在必行。

在过往的工作中，我们发现很多企业不是没有规范，而是企业管理者自身对财税政策关注度不高，缺乏相关了解，导致企业行为违反相关法律，并受到相应处罚。随着金税三期、金税四期陆续上线，监管力度逐渐增强，企业触碰红线的行为也得到更多地关注。企业家们逐渐意识到企业合规的重要性，很多企业开始做规范化管理。但因为缺乏相关的知识，所以企业需要专业的财税咨询人员去帮助他们合规，解决规范化经营的问题。正因为如此，财税咨询领域的需求日益凸显，财税咨询行业呈爆发式增长态势。

从服务端来看，最近几年财税咨询行业快速发展，很多企业在野蛮生长中取得了长足发展。但从整体来看，财税咨询行业仍处于初级发展阶段，行业标准化程度很低。比如我们的代理记账公司，客户有咨询需求，他们也想为客户提供咨询服务，于是开始业务转型。但是目前很多财税从业人员的专业知识储备与行业经验不足，导致在实际服务客户的过程中不能很好地解决客户的问题，有时还会延伸出其他关联问题。这些都导致当下财税咨询市场客户满意度不高。

在此背景下，我开始思考如何提升财税咨询行业的规范化、标准化程度，从而提高国内财税咨询服务的整体水平。我发现，在当前的发展阶段，提供财税咨询培训的机构不在少数，但为从业者提供学习参考书的寥寥无几，于是我萌生了梳理财税咨询经验并编撰成书的想法。

作为财税行业的从业者，在过往十几年的工作中，我有很多自己的体会与感悟。从大学毕业到现在，我先后做过审计、财务、投资、咨询等工作，最近的十年时间一直服务于财税咨询领域。做财务咨询工作时，很多朋友一开始会犯一些比较常见的错误，也经常有一些伙伴、同事问如何才能做好财税咨询。本书中，我结合自己多年的从业经验及长期积累的专业知识，对这些问题进行了总结和反馈。同时，本书也融合了60多位资深咨询老师的经验，针对相应的问题形成了一套成体系的有关财税咨询的方法，相信可以帮助刚开始学习财税咨询的小伙伴们少走一些弯路，尽早掌握精髓，步入正轨。

在本书中，我结合当前的财税咨询行业现状，系统性地梳理了一个成熟的财税咨询师的成长路径，包含财税咨询师的定位与职责、财税咨询师的发展路径、财税咨询师的实操方法论——"高、干、说"，以及手把手教大家如何成为一名优秀的财税咨询师。

从行业发展现状到未来的趋势，从体系化的知识到实操化的方法论，围绕"如何成为一名优秀的财税咨询师"，我将这些年积累的核心经验在书中一一呈现。秉持知识分享与经验探讨的原则，我毫无保留地把实际咨询工作中需要用到的知识放在书里，希望可以给从事财税咨询的朋友带来一些帮助。

因时间仓促，书中不足之处请大家批评指正。欢迎大家与我们一起探讨、共同成长，为财税咨询师成长赋能，为企业合规经营、永续经营提供助力，也为中国的财税咨询行业规范化发展贡献一份力量。

目 录

第一章　财税咨询行业介绍

第一节　财税咨询行业发展现状 / 2
一、财税咨询行业简介 / 2
二、财税咨询行业现状 / 4

第二节　财税咨询师的价值和职责 / 8
一、财税咨询工作的价值 / 8
二、财税咨询师的职责 / 9

第三节　财税咨询师的发展路径 / 11
一、财税咨询师要迈过的三道门槛 / 11
二、财税咨询师未来的职业发展方向 / 12

第二章　顶级财税咨询师的特质——"高、干、说"

第一节　"高"——有高度 / 16
一、了解政策 / 16
二、了解产业 / 18

第二节　"干"——会实操落地 / 19
一、财税专业知识与咨询能力 / 20
二、其他综合能力 / 21

第三节 "说"——会沟通表达 / 24

一、常规沟通能力 / 24

二、课程讲授能力 / 25

三、业务谈判能力 / 26

第三章 如何成为一名顶级财税咨询师

第一节 强化财税专业能力 / 28

一、搭建专业财税知识体系 / 28

二、有效识别企业风险 / 30

三、掌握企业财税体系设计方法 / 31

四、提升财税证据链设计能力 / 34

第二节 提升咨询调研能力 / 37

一、快速掌握客户行业的特点 / 37

二、快速了解客户核心产品或服务的商业模式 / 38

三、列出需要准备的资料清单 / 38

第三节 写好专业文章 / 40

一、写专业文章对于财税咨询师的意义 / 40

二、四类不同的文章 / 40

三、如何写好专业文章 / 41

第四节 高效表达观点 / 51

一、财税咨询师常见沟通场景 / 51

二、提升沟通技巧的关键点 / 52

三、学会一分钟表达自己的观点 / 64

第五节 讲好一堂课 / 68

一、讲课对于财税咨询师的意义 / 68

二、如何讲好一堂课 / 69

第六节　高效管理咨询团队 / 97
一、高效团队的五大要素 / 97
二、财税咨询师如何高效管理咨询团队 / 101

第四章　财税咨询全流程详解

第一节　识别客户 / 106
一、定义财税咨询 / 106
二、明确企业财税咨询服务的定位 / 107
三、为企业客户精准画像 / 108

第二节　沟通需求 / 110
一、把握客户财税方面的真实需求 / 110
二、匹配与需求相对应的咨询服务 / 119
三、界定财税咨询服务内容与边界 / 123

第三节　项目谈判 / 127
一、了解市场环境 / 127
二、塑造咨询服务价值 / 128
三、管理客户期望值 / 130
四、合理报价 / 133
五、制定备选方案 / 140
六、注意谈判技巧 / 141
七、签订合同 / 143

第四节　启动项目 / 148
一、内部项目启动会 / 148
二、外部项目启动会 / 150

第五节　现场调研 / 152

一、现场调研核心内容 / 152

二、现场工作的基本沟通原则 / 155

三、现场调研的三个基本方法 / 156

第六节　方案设计 / 157

一、吃透资料是基础 / 157

二、形成思路是关键 / 159

三、报告设计是亮点 / 160

四、报告质量是保证 / 161

第七节　方案汇报 / 162

一、方案汇报与报告的异同 / 162

二、方案汇报会关键要点 / 163

三、方案汇报中的过程掌控 / 165

第八节　方案落地 / 167

一、落地实施阶段工作方式 / 167

二、落地实施中的工作边界 / 168

三、服务节奏与截止时间 / 169

四、如何面对阻力与调整 / 170

第九节　项目复盘 / 171

一、项目复盘的意义 / 171

二、项目复盘关键点 / 172

三、外部复盘关键点 / 173

四、内部复盘关键点 / 174

第五章　财税咨询要点与注意事项

第一节　财税咨询师谈单的五大要点 / 176

一、理性处理咨询师与客户的关系 / 176

二、选择适当的谈判方式 / 177

三、掌握谈判主动权 / 177

四、选择有效谈判对象 / 178

五、合理催促客户 / 179

第二节　财税咨询师做好项目的三大工具 / 181

一、财税咨询应用工具之税收优惠运用 / 181

二、财税咨询应用工具之主体身份设计与调整 / 184

三、财税咨询应用工具之产业链条搭建 / 187

第三节　财税咨询项目管理四大要点 / 191

一、项目管理概念 / 191

二、项目管理要素 / 192

三、项目团队管理 / 193

四、关键控制节点 / 197

第四节　提升客户满意度的三大抓手 / 199

一、产品服务的高品质 / 199

二、信守承诺 / 200

三、做好与客户的沟通 / 200

第五节　咨询项目成交九宫格 / 201

一、摧毁观念 / 201

二、提供建议 / 203

三、挖掘痛苦 / 204

四、提供保障 / 205

五、塑造价值 / 206

六、客户见证 / 207

七、赠送礼物 / 207

八、价格优惠 / 208

九、成交 / 208

附录：财税咨询常用工具 / 210

1. 财税咨询工作任务清单 / 210

2. 咨询项目交付文档标准 / 210

3. 财税咨询产品市场报价参考 / 211

第一章

财税咨询行业介绍

第一节　财税咨询行业发展现状

一、财税咨询行业简介

1. 财税咨询的定义

财税咨询是具有财务与会计及相关知识的自然人或法人，接受委托向委托人提供业务解答、筹划及指导等服务的行为。财税咨询的目的是满足企业在财会、税务、工商等方面的需求，帮助企业有效解决问题，提高企业生产、经营、管理的效率，降低财税风险。

2. 财税咨询服务的种类

一般而言，财税咨询服务主要包含以下四类服务：

（1）企业财务梳理与规范服务：帮助客户企业梳理财务时，从法规遵循及税收合理化角度出发，提供企业全面的财务梳理及规范解决方案，帮助企业有效解决财务核算和财务管理中遇到的种种挑战和难题。

（2）企业财务核算体系搭建服务：帮助企业建立既适合其业务特点，又符合企业会计准则的财务会计核算体系，包括财务组织架构设计、财务岗位及职责梳理、财务制度体系建设、会计核算实务操作手册编制等内容，充分发挥财务在企业战略实施及决策支持中的作用。

（3）企业成本核算规范服务：从企业所处行业特点、生产经营模式出发，帮助企业建立符合企业会计准则及管理改进需求的成本核算体系。

（4）企业并购及重组方案设计服务：结合客户开展地并购、重组及股权转让等活动，为企业并购重组等交易提供具有创造性和实用性的增值解决方案。

3. 财税咨询的一般流程

财税咨询服务作为财务和税务领域的专业咨询服务，主要有以下流程：

（1）咨询需求确认。在咨询服务开始前，首先要确认客户的咨询需求，明确客户的问题和目标。咨询师可以通过电话、面谈等方式与客户沟通，了解客户的需求和情况，收集相关资料，并与客户签订咨询合同。

（2）问题诊断和分析。在确认客户的咨询需求后，咨询师要对客户的问题进行深入分析和诊断，了解问题产业的根本原因和影响因素。咨询师可以采用SWOT分析、财务分析、税务分析等方法，对客户的财务和税务状况进行全面分析和评估，为客户提供专业的建议。

（3）方案设计和提出。在分析和诊断客户问题后，咨询师要设计具体的解决方案，并向客户提出建议。方案设计应根据客户的实际情况和需求，提出可行性的解决方案，包括财务和税务管理方案、税务筹划方案、会计制度设计方案等。

（4）方案实施和跟踪。在方案设计和提出后，咨询师要与客户一起制订具体的实施计划，包括计划实施时间、实施步骤和实施目标等。咨询师应该监督方案的实施过程，并跟踪方案的实施效果，及时调整方案，确保方案的有效性和可持续性。

（5）方案总结和反馈。在方案实施结束后，咨询师要对方案实施效果进行总结和反馈，向客户提供专业报告，评估方案的效果和成果，并提出后续建议和改进措施，帮助客户进一步完善财务和税务管理。

以上是财税咨询的一般流程和方法，咨询师在实际操作中要根据客户的实际情况和需求，灵活应用不同的咨询方法和工具，为客户提供最优质的服务。同时，咨询师还要具备严谨的思维和判断能力，以及出色的沟通和协调能力。

二、财税咨询行业现状

1. 服务市场迎来爆发性增长

催生财税咨询服务市场爆发式增长的原因很多。从外因来讲，国家发展到当前阶段，做大做强成为企业主体肩负的一大使命。据中国工业和信息化部数据显示，在中国，中小企业贡献了 50% 以上的税收、60% 以上的 GDP（国内生产总值）、70% 以上的技术创新和 80% 以上的城镇劳动就业。[①] 2022 年，我们国家平均每天新设企业 2.38 万户，中小微企业数量已经超过了 5200 万户，规模以上工业中小企业经营收入超过了 80 万亿元。政府密集出台各项政策，鼓励中小企业发展，近几年的热点如专精特新、单项冠军等，都在支持中小企业发展；针对中小企业服务，也提供诸多便利，如融资、税收优惠等。仅 2022 年，政府就为小微市场主体新增减税降费及退税、缓税、缓费超过 1.7 万亿元。下阶段，国家将重点围绕企业规范出台相应政策，因此中小企业面临的来自国家的监管压力会增大。

从内因来讲，企业随着经营规模与体量的变化，自身对规范的需求也日渐增加。只有财税合规才能让企业走得更远。一家企业解决好财税问

---

① 《数字化助中小企业渡难关》，《中国日报网》2020 年 5 月 29 日。

题，能有效化解很多财税问题带来的风险，在合规的前提下，提前防范和控制潜在风险，实现风险可控，降低财税成本，保障企业整体平稳运行。但由于很多中小企业尚未建立完善的财税体系，人力物力都比较薄弱，在合规前提下进行的税务整体规划是对企业财税人才知识的考验。如果对此没有形成正确的认识，并做好企业的合规管控，会在无形中增加审计风险。企业因税务不规范，被税务局约谈、整改的案例时有发生，更有甚者，因税务问题面临巨额罚款。企业家们慢慢认识到，安全持续经营比短期盈利更重要，建立规范化的财税体系逐渐引起中小企业经营者的重视。

无论是政策压力还是企业自身诉求，都对财税咨询提出了更高的要求，使财税咨询市场迎来爆发性增长。

2.传统财税服务企业向财税咨询服务转型

传统的财税服务行业如代理记账服务、鉴证审计服务、税务顾问服务等，进入门槛低，低价竞争严重。无论是会计师、税务师事务所，还是财务代账公司，在经历了长期的发展阶段后都面临同样的红海竞争，传统财税企业向财税咨询业务转型已成为企业发展的内在需求。而这些传统财税服务企业面对的客户群体与财税咨询服务行业所服务的客户群体天然重合，这也构成了传统财税企业向财税咨询服务转型的外在条件。

当下，在财税行业中，企业纷纷寻求向财税咨询业务转型的路径。

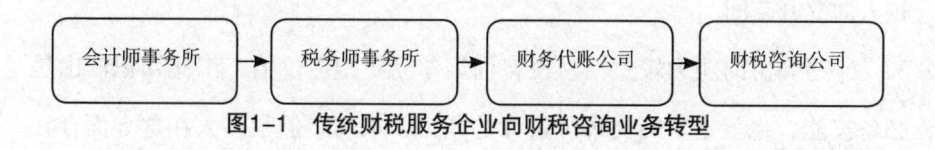

会计师事务所 → 税务师事务所 → 财务代账公司 → 财税咨询公司

图1-1　传统财税服务企业向财税咨询业务转型

3.专业财税咨询师严重缺乏

（1）传统财税人员缺乏专业财税咨询能力。财税服务行业向财税咨询行业发展趋势越明显，专业财税咨询人员稀缺问题越严重。一方面是行业拓展与转型对高端财税咨询人员的强劲需求，另一方面是综合能力强的财税咨询人员严重稀缺。财税咨询工作对财税咨询师的要求高，不仅要求他们具备扎实的专业技能、系统化的知识，还要求他们有相应的沟通能力、知识输出能力、演讲能力等综合能力，而传统的审计、税务等人员的知识体系、工作模式固化，再加上财税咨询与传统审计、鉴证业务、财务工作的巨大差异，导致中介机构专业人员和企业财务人员转型困难。

（2）现有财税咨询师群体存在能力短板。受国家政策及企业自身发展要求的影响，财税咨询行业将迎来较大的增长。但对财税咨询师来讲，自身的能力有待加强。

①知识体系不够健全：咨询服务工作与理论体系考试的角度不一样，财税咨询不仅要求咨询师会背税法、财务法，对从业者的落地能力要求也比考试要求高。除了会计法规、税法知识，还需要掌握业务管理知识，必须具备综合的知识体系。

②缺乏筹划能力：财税服务需要有工具和方法，需要结合财务知识体系，对原有的财务和税务知识进行重构，找到切入点。

③整体思路不够清晰：财税咨询对从业人员的逻辑思维能力要求非常高，不只财税咨询，战略咨询、管理咨询、营销咨询无一例外都需要很高的逻辑思维能力。很多刚刚转型到财税咨询领域的人员在这方面仍然存在较大的提升空间。

④写和讲的能力较差：财税咨询工作需要塑造价值，因此知识输出是必备技能，也就是对写文章和讲课的能力要求高。但很多人在这方面存在短板，这个能力需要大量训练才能形成。

⑤把握不好客户的需求：财税咨询最重要的是找到客户的真实需求。很多客户往往不会直白地讲出自己的需求，他们要么是在刻意遮掩，要么

是的确不清楚自己的需求，需要咨询人员在与客户沟通和谈判的过程中，把客户的真实意图挖掘出来。因而咨询人员需要具备一定的技巧，去识别、挖掘客户的真实需求。

⑥缺乏业务谈判技巧：如何把客户需求与咨询服务对接、如何定价、如何塑造价值、如何谈合同等都与谈判技巧有关。

⑦咨询中沟通能力不够：在整个咨询服务中，沟通能力和业务能力各占一半。如果说一个人业务能力很强，但沟通能力不行，那他（她）一定做不好咨询。

⑧项目管理能力不足：咨询服务其实是个项目管理的过程。在项目的不同发展阶段相应有一些关键步骤，保质保量完成才能做好时间管理，确保项目的品质，从而达到客户预期。

第二节　财税咨询师的价值和职责

一、财税咨询工作的价值

在现代社会中，财税咨询师是非常重要的职业。随着市场竞争的加剧，企业和个人面临越来越复杂的财税问题，需要专业的财税咨询师来为他们提供专业的咨询服务。

首先，财税咨询师可以帮助企业和个人降低税务负担。随着税法的变化和税务政策的调整，企业和个人需要及时了解和适应税收环境的变化。而财税咨询师可以为客户提供及时、准确的税务法律咨询，帮助客户了解税法和税务政策的变化，并通过税务筹划等手段，为客户降低税务负担，提高税务合规性。

其次，财税咨询师可以帮助企业和个人规划财务和税务事务。财务和税务是企业和个人不可避免会遇到的问题，财税咨询师可以根据客户的实际情况，制订相应的财务和税务策略，帮助客户规划财务和税务事务，降低企业和个人的财税风险，提高财务和税务效益。

再次，财税咨询师可以协助企业和个人进行财务管理和风险管理。在企业经营过程中，财务和税务问题不可避免，而财税咨询师可以协助企业进行财务管理和风险管理,帮助企业识别和降低财务和税务风险,提高企业的运营效率和盈利能力。

复次,财税咨询师可以提供专业的财务分析和建议。财税咨询师需要具备深厚的财务和税务知识,能够准确分析客户的财务问题,并为客户提供最佳的解决方案和建议。财税咨询师还需要协助客户制订财务预算和进行现金流预测,确保企业财务稳健。

最后,财税咨询师可以提高企业和个人的竞争力。在市场竞争日益激烈的今天,企业和个人需要提高自身的竞争力,而财税咨询师可以为客户提供全方位的财税咨询服务,帮助客户全面提升企业和个人的竞争力。

二、财税咨询师的职责

财税咨询师基于他们具有的专业独立分析判断能力,以外部独立视角对企业管理存在的问题及经营决策作出指导,通过调查分析、制订解决方案、实施落地辅导等咨询活动来完成顾问项目,解决企业存在的问题,给出经营决策建议,从而提升企业的综合品牌竞争力。在财税咨询项目中,财税咨询师作为专业服务人员,其角色和职责通常包括以下几个方面:

1. 提供专业的财税咨询服务

财税咨询师需要具备深厚的财税知识,能够准确分析客户的财税问题,并为客户提供最佳的解决方案。财税咨询师要根据客户的需求,制订相应的咨询计划,为客户提供专业的财税咨询服务,帮助客户规划财务和税务事务,降低企业和个人的财税风险。

2. 协助客户进行税务申报和税务筹划

财税咨询师需要帮助客户制订税务筹划方案,减轻客户的税务负担。

同时，财税咨询师还需要协助客户进行税务申报和纳税申报，确保客户的税务合规，并为客户提供税务风险管理方案。

3. 提供财务分析和建议

财税咨询师需要分析客户的财务状况，为客户提供财务建议和分析，帮助客户制订财务目标和规划。此外，财税咨询师还需要协助客户制订财务预算和现金流预测，确保企业财务稳健。

4. 协助客户进行财务管理和风险管理

财税咨询师需要协助客户进行财务管理和风险管理，帮助企业识别和降低财务和税务风险，提高企业的运营效率和盈利能力。

5. 维护客户关系

财税咨询师需要与客户建立良好的合作关系，了解客户需求，并及时反馈给客户，提高客户满意度，增强客户黏性。

总之，财税咨询师作为专业服务人员，其职责涵盖了财务和税务的各个方面，需要具备深厚的专业知识和实践经验，为客户提供最佳的解决方案和建议，帮助客户降低风险、提高效益，实现企业可持续发展。

第三节　财税咨询师的发展路径

一、财税咨询师要迈过的三道门槛

成为一名优秀的财税咨询师，通常需要过三关。

第一关：能力关。对财税咨询师的能力要求高是必然的，不仅要求其专业知识扎实，还要求其具备较高的综合应用能力。每个咨询师面对的行业、客户越多，应对能力越高，综合实力提升越快。相反，刚入行的新人，则往往需要在某一个擅长的领域逐步积累咨询经验。因此，对于一个咨询师而言，要面对的第一个问题是提升自己的咨询能力。

第二关：身体关。不论哪个行业的咨询师，都是为企业服务的，企业在哪里，咨询师就去哪里。他们在具备足够的知识储备之后，能否顺利地在财税咨询领域树立良好的口碑，打造个人品牌，还需要良好的身体来支撑。财税咨询工作并不轻松，每天要没完没了的沟通、讲课、做项目，出差是日常。形象地描述财税咨询师的一天，用一句话表述就是"不是在出差就是在出差的路上"。除此之外，频繁的对内对外沟通、逻辑严谨的授课、缜密的方案思路构想，无不需要高强度的脑力工作，这些都在考验每位财税咨询师的身体素质。

第三关：家庭关。工作是为了更好地生活，财税咨询师也是人，也是为了生活而工作。但他们的工作性质决定了财税咨询师无法做到工作生活两平衡，这是一个很残酷的现实问题。长期出差，无法照顾妻儿老小，家庭关系、亲子关系容易影响个人情绪。每一个财税咨询师都不可避免地需要不断协调自身工作与家庭之间的关系。

二、财税咨询师未来的职业发展方向

在成功地闯过以上三关之后，财税咨询师的职业生涯就迎来了飞速发展时期，财税咨询师的未来可能往以下四个方向发展：

1. 成为某个细分领域的业务专家

对于大多数财务咨询师而言，专注某个领域的财务问题，成为该领域的专家是可以实现的。在现代社会细分领域多的情况下，可选择的空间大。从专业领域来看，财税咨询服务可以划分为集团财务管控、财务内控、财务筹划、财务体系搭建、预算管理、成本管理、收并购交易、股权设计等多个细分领域。这些不同领域具备不同的特点，需要应用不同的专业知识，咨询师可以根据自己的爱好、机遇、天赋、性格等，选择自己长期从事的领域，经过持续不断的项目经验积累，不断提高专业能力，最终成为这个领域的专家。即便以后年纪大了，财税咨询工作做不动的时候，凭借在该领域的经验、人脉和声誉积累，他们也可以考虑向专业文章撰写、课程讲授等方向转型，完全可以打造一条完美的职业发展之路。

当然，成为细分领域的专家需要长期的专业积累，需要时间的磨炼和持之以恒的坚持。从经济价值上看，物质收益不会太高，但在受尊重程度及精神上的收益较为可观。对于那些追求专业领域的成就，不愿意过多卷入世俗纷争的人而言，这条路是比较好的选择。

2. 成为企业业务合伙人

咨询公司和事务所一样，都是需要不断扩大业务的，单靠老板一个人的资源，企业的发展速度会比较慢。财务咨询师在职业成长过程中因不断与客户接触，长时间的积累后，就会积攒出相应的客户资源，也会拥有一定的人脉和声誉。如果投入更多时间积累和开发客户，后续成为企业的业务合伙人也就水到渠成了。

当前，国内仍然存在信息不对称和不公平竞争的情况，要成为企业的合伙人，除了要在业务能力上持续精进外，还需要掌握相关资源，并具备营销能力。如果能够成为企业合伙人，经济价值则比较高，物质回报丰厚。对于愿意适应社会、愿意为了更高收益付出努力且具备良好学习能力的人而言，成为企业业务合伙人也是一个不错的发展路径。

3. 成为企业管理合伙人

企业发展到一定阶段，内部管理就显得非常重要。在财务咨询领域，很多事务所都面临合并或分立的选择。合并的目的是做大做强，但合并有时也会导致后续的分立小规模企业在自身管理不完善的情况下，凸显内部分歧。而对于财税咨询公司来说，固定资产较少，人员才是公司最大的财富。这些往往都是相关领域的专业人员，需要熟悉这个专业的人员来管理。由于这个原因，有些财税咨询师在业务做到一定程度后，可以考虑转为公司内部管理人员，从而在团队中发挥更大的作用。

当然，财税咨询师的专业工作是给客户提供业务建议，如果要真正转型做管理人员的话，也面临较大的调整。除持续提升业务能力外，还需要逐步与所在的公司文化融合，学习相应的管理知识。成为内部管理合伙人的收益也相对较高，对于有志于挑战自己，成就自身价值的人来说，是一个很好的发展机会。

4.创建属于自己的财税咨询公司

不管是成为细分领域的专家,还是成为业务或管理上的合伙人,都是一个财税咨询师比较常规的职业发展路径。对于少数的综合能力高,且具有创业精神、挑战精神的人来说,在从事财税咨询工作一定年限后,创建属于自己的财税咨询公司也是一个不错的选择。财税咨询师在过往经验中锻炼了成熟的沟通能力、强大的专业能力、灵活的应变能力,如果能够在客户的储备和个人品牌的打造上多投入一些资源,后续创建独立的财税咨询公司也会发展得比较顺畅。

当然,创业对一个人的要求和挑战越高,需要的支持也越多,也会在创业过程中面临较大的风险。但如果选择这条路并且做成功了,财税咨询师能够得到的经济回报也会很高。

第二章
顶级财税咨询师的特质
——"高、干、说"

第一节 "高"——有高度

一、了解政策

政策是我们国家未来工作的方向和指针，是资源优化配置的指向。对于中央的政策，地方基本都要通过具体的配套措施来加以落实，这样就会影响各行各业的经济活动。政策还可能是某一部法律的问路者或者先行者，政策先行试点，未来政策成熟以后，在某一年、某一天，就会变成一部真正的法律，直接影响到我们的权利和义务。财税领域受政策的影响大，尤其是受合法合规影响的税务问题，如不把握国家政策趋势，就很难找到解决方案。

国家重大政策，其实与每个企业是息息相关的。国家重大政策是从宏观层面指明了企业发展的大势，提供了发展方向的指导，也为企业提供了良好的政策支持，助力企业发展。作为财税从业人员，咨询师在为客户提供诊断服务，出具解决方案之时，必须对当下的国家政策有一个了解。因此，养成关注国家政策的习惯对构建财税咨询师个人的大局观尤为重要。结合过往经验，我们认为理解政策，可从以下三点入手：

第一，国家的重大政策，说明了国家倡导、支持的方向，这是大势。有远见的企业要想发展，会确定自己的发展战略，这个发展战略首先就要顺应大势，顺势而为，才能事半功倍。如果与国家政策背道而驰，企业基本不存在发展空间。基于政策大势，我们才能更好地判断所服务客户的战略方向是否正确，在为其寻找财税解决方案之时，方能更好地找到契合企业发展的方向。

第二，通常国家的重大政策中会有细分的方向，通过研读这些细分条款，可以为税务实操提供指引。如政府出台的优化和落实减税降费政策，财税咨询人员在了解政策的情况下，可以识别适用的企业及相关业务，更好地提供符合政策的优化税收方案，切实为客户谋福利。此外，在财政领域，历史遗留问题的解决方向也值得关注。对存在争议部分的政策，可通过政策的细分预估未来的执行标准，从而加深对国家及区域层面财税法律法规的理解，更好地指导咨询实操。

第三，在国家重大政策的指导下，各地方政府会紧随政策，完成政绩。在这样的背景下，政府需要企业配合推进政策落地，很多区域性的税收及财政政策就源于此。例如，近年来中央政府为支持科技自立自强，加大对基础研究的支持，完善中央财政科研经费管理，启动支持"专精特新"中小企业高质量发展奖补政策。在此之下，形成了国家级、省级、市级及区级"专精特新"中小企业奖补政策，对于减轻中小企业负担，助推中小企业发展起到积极的作用。财税咨询师可了解各级"专精特新"中小企业政策中对税收优惠的规定，为企业设计更为合理的纳税方案，帮助企业享受税收优惠带来的福利，切实帮助企业发展。

用好用足扶持政策首先要认真研究政策，包括及时跟踪、参与制定与深度解读等，其次要掌握政策实现的渠道，最后要了解具体的运作过程，事先要有周密的组织策划，做好申报、监理、调度、验收等工作，有条件的企业，也可以成立专门的公共关系部门或类似的对外窗口，主动与政府部门接触和联系。这样才能吃透用好政策，紧抓政策脉搏，更好地为客户提供优化方案，为其提供更高层次的切入口。

二、了解产业

产业趋势的重要性在于它可以帮助企业和组织了解当前和未来的市场情况，以便作出更明智的商业决策。以下是产业趋势的几个重要方面。

1. 市场机会

了解产业趋势可以帮助企业看到并抓住市场机会，从而制订更好的市场营销策略。例如，如果某个行业正在增长，企业可以考虑进入该行业以获得更多的市场份额。

2. 竞争对手

产业趋势可以帮助企业了解竞争对手的策略和行动，以便更好地制订自己的商业计划。例如，如果竞争对手正在推出新产品或服务，企业可以考虑开发类似的产品或服务以保持竞争优势。

3. 技术发展

了解产业趋势可以帮助企业了解新技术的发展和应用，以便更好地应对市场变化。例如，如果某个行业正在采用新技术，企业可以考虑投资该技术以提高生产效率和产品质量。

4. 政策变化

产业趋势可以帮助企业了解政策变化对行业的影响，以便更好地应对政策变化。例如，如果政府出台新的环保政策，企业可以考虑采取相应的措施以遵守政策并保持竞争力。

总之，了解产业趋势对企业和组织来说非常重要，因为它可以帮助他们更好地了解市场和行业的情况，以便作出更明智的商业决策。

第二节 "干"——会实操落地

要想成为一名优秀的财税咨询师，简单来讲，需要具备以下几个方面的能力：

全面的财税知识：了解财务会计、税务法规、财务管理等方面的知识，并对财税法规的最新政策有所了解，才能为客户提供专业的财税咨询服务。

专业的咨询技能：具备良好的沟通能力，能够与客户进行有效的沟通，了解客户的需求和实际情况，提供有针对性的咨询建议，帮助客户解决问题。

经验丰富：需要在实践中积累丰富的经验，从各种实际案例中总结经验和教训，提高自身的咨询能力和水平。

团队合作：与同事和其他专业领域的人员合作，共同解决客户面临的问题，提供全方位的咨询服务。

专业精神：要有职业操守和道德规范，注重维护客户的利益，忠诚于客户，保守客户的商业秘密。

具体来看，可以分为以下两类：

一、财税专业知识与咨询能力

专业知识不仅指财税知识，还应包括管理、法律、咨询知识，应将这些知识融会贯通。方案如何操作，理论的角度与实务的角度之间如何切换，这里有非常多的技巧与方法。咨询能力主要体现在我们面对案例的时候，需要从哪些方面切入去找筹划思路，例如税收筹划的四种基本工具是我们常规使用的，需要熟练掌握。综合知识则是基于专业知识的重构，很多人考了注册会计师、注册税务师，但让他们做财税咨询依然做不好。主要原因是他们的知识体系没有重构，如何站在咨询师的角度、站在业务的角度去重新打造一套知识体系，这里有一系列的技巧和方法。

1. 行业及业务基本知识

财税咨询行业的基本知识指业财融合，而财税是对业务的体现，是业务的结果。改变财税意味着要改变业务结果，因此财税咨询的核心是业务的调整与重构。作为财税咨询师，要在最短的时间内熟悉一个陌生的行业，搞清楚该行业财税规则背后的业务逻辑，是需要一套工具及方法的。

2. 会计核算与证据链能力

会计核算是企业财务日常工作，而财税咨询师需要指导财务，需要在调研过程中识别企业财务在这项工作中哪些方面做得好，哪些方面存在问题，因此财税咨询师的会计核算与证据链能力必须比企业财务人员强才行。

3. 税法知识体系搭建能力

大部分企业财务人员掌握的有关税法的知识是零散、不成体系的。而财税咨询师做咨询则不能只局限于自己熟悉的领域，因此我们必须搭建一个相对完善的体系，以此来应对所有或者大部分客户的问题。

4. 财税筹划工具运用能力

财税筹划常用的四个工具包括主体设计、商业模式设计、优惠政策的运用及产业链的重构。

二、其他综合能力

1. 专业写作能力

写财务咨询报告是作为财税咨询师进行知识输出必备的技能。单个项目几十万元甚至上百万元，财务咨询报告的好坏直接影响客户满意度。如何有逻辑、有条理，清晰地展现咨询过程中的发现及重要结论，需要学习相应的技巧并加以反复训练才能掌握。

咨询报告的写作能力要求与文章的写作相通，名字标题、文章逻辑框架、文章段落布局及最后的格式美化，都体现着财税咨询师的写作思路搭建能力。写好一篇报告有三个条件，第一个是对该写作课题下的知识储备需要准备充分，第二个是需要基于已有的知识储备重新提炼、消化，将之变成自己的东西写出来，第三个是写完还需要表达出来，能够讲明白。简单来讲，写作能力应该包含以下四种：

（1）写作思路搭建能力；

（2）文章或报告结构搭建能力；

（3）文字表达能力；

（4）格式标准化与美化能力。

2. 项目管理能力

咨询服务项目中，技术能力最多占50%，另外50%是项目管理能力。在大部分咨询服务项目中，需要协同多个团队成员一起完成交付，因此对于项目负责人而言，如何带好团队尤为重要。在咨询项目中，对团队内外部沟通能力也有相应的要求。而针对咨询项目的六大环节，也需要相应的管控。这六大环节指内部启动会、调研工作、工作方案、汇报方案、方案落地、项目复盘。只有具备相应能力，才能确保项目整体质量可控。因此归纳起来，咨询项目管理能力应当包含以下三种：

（1）团队管理能力；

（2）工作沟通能力；

（3）咨询项目六大环节管控能力。

3. 管理冲突和压力

在咨询过程中，咨询师可能会面临各种冲突和压力，如何管理这种压力，有效解决冲突，是顺利开展咨询工作的前提。良好的冲突管理和压力管理能力可以帮助咨询师更好地应对这些挑战，提高工作效率和质量，同时还能减轻工作压力，提升自我满足感和幸福感。在培养自己管理冲突和压力的能力时，有一些技巧可供参考：

（1）正视冲突。冲突是人际关系中的常见问题，不要试图完全回避它。相反，应该将冲突看作一种机会，通过处理和解决冲突来促进人际关系的发展。

（2）学会沟通。沟通是有效管理冲突的关键。咨询师应该学会倾听，表达自己的观点，同时尊重他人的观点。通过有效地沟通，咨询师可以更好地了解其他人的需求和关注点，并找到彼此的共同点。

（3）学会冷静应对。当冲突发生时，咨询师应该尽量保持冷静客观，避免情绪化的反应。在处理冲突时，咨询师应该专注于解决问题，而不是将个人情感带入其中。

（4）学会妥协。在某些情况下，妥协是解决冲突的最佳方法。咨询师应该学会识别哪些问题可以妥协，哪些问题是非常重要的，需要立场坚定。

（5）建立合作关系。建立合作关系是处理冲突和压力的重要方法。咨询师应该尽可能与他人合作，了解他们的需求和要求，并为他们提供积极的解决方案。

（6）学会放松和减压。咨询师在面对压力时，应该学会放松和减压。可以通过锻炼身体、冥想来放松身心。同时，保持积极的态度和良好的生活习惯也有助于减轻压力。

（7）寻求支持和帮助。如果压力和冲突严重影响到咨询师的生活和工作，要寻求支持和帮助。可以与同事、家人或专业心理医生交流，以获得建议和支持。

第三节 "说"——会沟通表达

一、常规沟通能力

咨询师是一个需要与客户频繁沟通的职业，良好的沟通能力是咨询师的核心竞争力之一。在咨询过程中，咨询师需要与客户进行交流，了解客户需求，帮助客户解决问题，并与客户建立起信任关系。结合过往经验，我们认为常规沟通能力大致包括以下几种：

1.语言表达能力

咨询师需要具备良好的语言表达能力，能够清晰、准确地传递信息，避免产生误解。为了提升语言表达能力，咨询师可以通过阅读、写作和演讲等方式进行训练。此外，咨询师还可以参加一些相关的培训课程，如公共演讲、商务谈判等。

2.倾听和了解客户需求

咨询师需要具备良好的倾听和理解能力，能够深入了解客户的需求和问题，以便为客户提供最佳解决方案。在与客户沟通时，咨询师应该注意倾听客户的意见和建议，并通过提问等方式，进一步了解客户的需求。

3.学会反馈和引导

咨询师需要学会提供有效的反馈和引导，以便帮助客户解决问题。在沟通过程中，咨询师应该及时给出客观、准确的反馈，并引导客户思考和探索问题的解决方案。

4.建立良好的信任关系

在与客户沟通时，咨询师需要与他们建立良好的信任关系。通过提供专业的建议和服务，咨询师可以赢得客户的信任，并与客户建立起长期的合作关系。在沟通过程中，咨询师应该保持诚实、透明，以便赢得客户的信任。

二、课程讲授能力

咨询服务师除了要做调研、写方案和报告外，也经常需要做培训工作。例如给客户做内训工作，效果直接影响到后续的合作，因此讲授能力也很重要。

表达讲授能力包含两个方面，一个是日常的沟通，另一个是讲课。日常沟通比较随机，而讲课比较系统，两者侧重点不一样。作为财税咨询师，最核心的交流是跟老板沟通，让老板认可我们的价值、认可产品的价值、认可服务的价值。因此与老板沟通要注意的是如何能保持思路清晰，让听众更好领会我们的思想。讲课也是有方法的，从不会讲课到能讲出一堂清晰的课，需要一些基本的能力。概括来看，讲授能力应该包括以下四种：

（1）讲授思路搭建能力；

（2）讲授结构搭建能力；

（3）语言表达能力；

（4）讲授资料格式标准化与美化能力。

三、业务谈判能力

财税咨询最难把握的是谈判能力。谈判的成功率、客单价、客户期望，让客户认可我们的咨询思路等，这些都是与谈判有关的问题。常规的谈判模型是从发现需求开始，把需求和产品相结合，再给定价，然后塑造产品的价值，最后才是签约。这里主要包括以下四种能力：

（1）发现需求能力；

（2）确定咨询工作范围能力；

（3）塑造咨询价值能力；

（4）合同谈判能力。

第三章

如何成为一名
顶级财税咨询师

第一节　强化财税专业能力

一、搭建专业财税知识体系

1.财税咨询师知识体系整体框架

财税咨询工作源于业务而又高于业务，精通业务是基础。因此有很多问题不是光具备很强的财税专业知识就能解决的，这就需要财税咨询师要了解行业、了解政策，对未来的发展趋势有一定的了解。

（1）行业知识：国家政策、宏观经济、发展趋势等。

（2）业务知识：业务模式、产品构成、行业竞争、行业现状等。

（3）专业知识：会计学、经济学、税法、法律等，这些构成财税领域的专业部分，不可或缺。

（4）企业管理：企业的管理方式、人财物、组织形式等。

（5）人力资源：财税咨询方案最后要靠人来落地，因此要对人力资源有所了解。

（6）心理学：主要用于与客户谈判、沟通解决问题，以了解对方的真实想法。

（7）公共关系：主要是学习掌握解决问题的能力，辅助项目的执行。

除了上面列出来的七条，像人际关系处理能力、商务礼仪、言行举止等也都是财税咨询师需要掌握的知识。作为一名优秀的财税咨询师，需要具备综合能力，并综合应用，这样才能给企业带来价值，也为自己创造价值。

2. 如何搭建财税咨询师知识体系

在为企业做财税咨询的时候，最先感受到的痛点就是税的问题，财税咨询师解决问题的突破点也是税务问题，因此必须要把税法知识体系搭建起来。

（1）税法知识体系。按照以往实际业务经验，我们认为财税咨询师必备的几个重要的税法知识体系包括以下四类：

①增值税税法知识体系；

②企业所得税税法知识体系；

③个人所得税税法知识体系；

④其他税种税法知识体系。

（2）搭建知识体系遵循的基本原则（MECE 原则）[1]。在同一个层面上拆分，做到各知识点相互独立且完全穷尽。

（3）知识体系搭建的方式。

①税法角度：可以参考税务总局出台的税法文件，如纳税人主体、纳税时间、纳税税率等。

②行业角度：根据行业中出现的问题及税费来搭建知识体系，如税务问题、会计处理方式带来的风险问题等。

③业务角度：从企业经营的业务出发，如企业合规、税法规定、管理

---

[1] 中文意思是"相互独立，完全穷尽"。也就是对一个重大的议题，能够做到不重叠、不遗漏的分类，而且能够借此有效把握问题的核心，并解决问题的办法。

角度等。

④客户角度：从老板的角度或从企业财务的角度去搭建也是可行的。

（4）搭建税法知识体系需要注意的事项。

①先搭建框架，再做拆分。

②一个问题从不同维度上搭建，如招待费从会计、税法的规定上搭建等。

③每个维度从不同角度、分层次搭建。

④从上往下，先搭建二维再搭建三维。同维度中不能有包含和被包含的关系。

二、有效识别企业风险

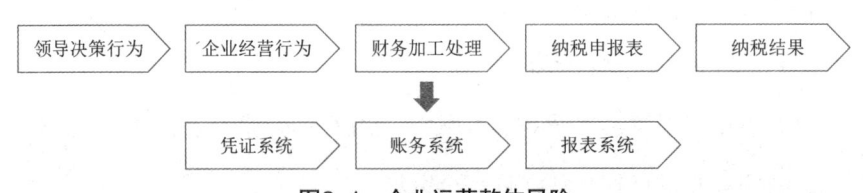

领导决策行为 → 企业经营行为 → 财务加工处理 → 纳税申报表 → 纳税结果

凭证系统 → 账务系统 → 报表系统

图3-1　企业运营整体风险

从财务的角度，企业的运营整体上是由领导的决策行为决定的，先有领导决策，如企业的战略、企业的业务范畴，再有企业的经营行为。企业的经营行为由财务进行加工处理，最终生成对内的财务报表数据及对外的纳税申报表数据。因此企业经营最后输出的两个结果：一个是财务的报表数据，另一个是企业给税务局的报税数据。税务机关开展稽查工作，首先就是从这两个数据的匹配度入手的，看两者是否相互印证。因此企业的财税风险，首先源于领导的决策，这个因素决定了业务的模式。

在企业经营行为开展之后，会产生财务数据，这部分由财务进行加工处理，所以财务的加工处理能力也会影响企业的财税风险。不同财务人员的财税专业知识结构、对税法的理解不同，决定了其对财务数据的加工处理能力有所不同，因此在输出财务数据结果的时候，产生的纳税结果和风险也是不同的。之前讲过，财税咨询师要做到业财融合，要求财务人员既要懂核算，也要懂管理，还需要理解企业的经营策略。例如做财务加工的时候，有三个方面需要注意：一是如何核算，像税务报表中的项目区分，内部财税管理系统的核算；二是如何使财务核算与经营管理相结合，核算方式不一样，对管理的指导方向也不同；三是从经营的角度去对企业的经营数据进行加工处理，例如做实际核算过程中，根据国家的宏观政策趋势、市场需求、客户需求、供应商情况来对企业财务数据进行加工。但现实中，很多财务人员有的只懂核算，不懂管理，更谈不上经营。所以，财税咨询师想要做好咨询，有效识别企业风险这个能力是必备的。

三、掌握企业财税体系设计方法

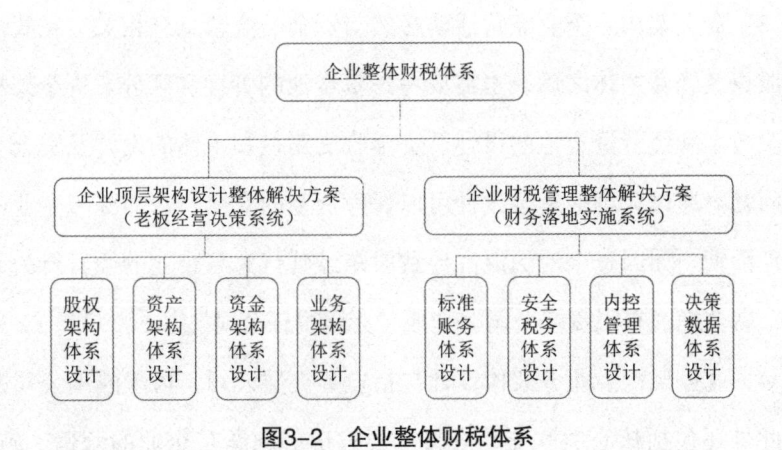

图3-2　企业整体财税体系

企业的整体财税体系分为两个，一个是企业的顶层架构，另一个是企业的财务管理架构，也就是我们常说的老板经营决策系统和财务落地实施系统。这两个系统相互结合、相互影响，因此风险也会彼此影响。

1. 老板经营决策系统

老板的经营决策系统包括四部分，即股权架构、资产架构、资金架构及业务架构。在为企业搭建经营决策系统时，需要有针对性地做好以下工作。

（1）股权架构。包括投资主体股权架构设计、经营主体股权架构设计、风险隔离股权架构设计。股权架构首先需要区分股东的问题：谁做大股东，谁做小股东。其次要明确经营主体，区分分公司、子公司之间的关系，明确谁负责哪个业务。如果产生经营风险，企业也需要设计一个规避风险的架构。

（2）资产架构。资产架构主要解决不同主体之间如何划分资产、以何种方式划分资产的问题，例如土地与房产放在哪个主体下面，专利技术由哪个主体申请，资产转移模式的选择等。在资产布局划分清楚后，各主体之间的资产转移产生的结果是不一样的。

（3）资金架构。企业经营活动必然与资金的流转息息相关，在我们划分好股权及经营主体之后，也需要考虑资金池的管理和区分。资金架构主要解决股东和经营资金池的设计、资金收支路径和主体的设计及资金安全保障问题。通过合理的资金设计可以保障资金的安全，从而保障企业的经营管理活动。如因资金池的混乱导致股东经营行为与企业的经营行为无法区分，就会把"有限责任公司"变成"无限责任公司"。

（4）业务架构。业务架构设计包括业务夹层公司、风险隔离公司的设计，此外还包括核心关联交易安排。要解决的问题是企业的营销、施工、采购由哪个主体执行，业务存在风险如何通过公司来规避，再就是关联交易如何安排，关联交易公司的上市、交易、合并等税务处理，关联交易是否会损伤股东利益等，这些都包含在业务的设计中。

需要注意的是，在企业顶层架构设计中，老板的决策起70%的作用，财务起辅助作用，影响约占30%。

2. 财务落地实施系统

财务落地实施系统也包括四个，即账务体系、税务体系、内控体系、决策数据体系。

（1）标准账务体系设计。账务体系设计包含标准的核算系统打造、规范的凭证系统设计和两账合一的途径及方式设计。大型企业往往在系统中对摘要的写法、客户的划分这些细节问题做相应的要求与规范。针对有些民营企业存在的"两套账"问题，按照税法规定，"两套账"以偷税论罪。

（2）安全税务体系设计。税务体系设计包含纳税标准系统打造、税务风险监测系统建设及纳税管理整体规划。这里会涉及企业的税率问题，用来核算企业要交的税额，此外为规避税务风险也需要监控纳税情况，去了解税务机构测算风险的点，从而设计规避风险的路径，还有纳税的整体规划。

（3）内控管理体系设计。内控管理包括内控流程重新梳理、关键制度优化执行及全面预算组织实施。内控管理第一个就是流程的梳理，通过流程的诊断去找到需要补充或者调整的流程，从而设计相应的制度加以管控。此外，全面预算也需要组织落地。

（4）决策数据体系设计。决策数据体系包括业务数据管控设计、成本核算管控设计及内部管理报表设计。

四、提升财税证据链设计能力

在企业经营环节中产生的重要业务证据链包括：合同、发票、付款、物流或服务流、其他证据，其中合同、发票、付款是财务里面的三流合一。各个经营活动产生的原始凭证形成会计凭证，从而构成财务报表。

1. 合同审核应注意的要点

（1）合同审核要点。

①合同方法律主体身份：区分合同方的法律主体，包括有限公司、合伙企业、个人独资公司、个体工商户、自然人及集团分公司等。在法律身份审核里需注意：自然人和分公司作为法律主体的有效性以及税务处理，容易产生问题：分公司成为合同主体需持有母公司的授权合同。

②合作方的资质与经营范围：关注合作方是否提供相应的承包资质、经营范围、是否有异地承接业务或提供服务的能力。

③合作方的纳税身份：一般纳税人、小规模纳税人税负不一，对企业的成本和税负造成影响。

④合作方企业类型：一般包括生产、商贸及服务三大类型，不同类型的能力、税负均存在差异。

（2）合同交易标的审核要点。

①采购的是设备、材料还是服务。

②是否存在混合销售和兼营的情况：兼营要分开核实，分开开票，混合销售看主业。

③运输由谁负责、开票的主体，运输费垫付方式、交货地点。

④验收的标准。

（3）合同报价及税款承担应当注意的三大关键点。

①关注合同报价是否价税分离，不分离的报价具体约定情况、设计税率调整后续的交易处理等。

②关注合同中包税条款，是否额外承担对方税负，该税负是否存在潜在风险、包税条款是否有效、有无违法情况存在等。

③如何规避合同，合同报价条款中要约定明确含税价、税率大的信息，尽量杜绝包税条款，若一定要包税，如何进行报价。

（4）付款和交易等环节应当注意的三大关键点。

①关注付款时间涉税风险：付款时间决定了纳税时间，若无约定付款时间，则交易节点即为交税时间。

②关注付款方式：现金、转账、承兑汇票是主要付款形式，但现金付款会受到会计准则中规定条款的诸多限制。即使如此，我们也绝对不能搞虚开发票那一套。

③关注资金流与交易及发票的时间是否协调：付款条款中明确约定的付款名称和账户，特殊资金要注明流向及原因。

（5）合同中对发票条款应当注意的四大关键点。

①明确提供发票义务；

②明确发票提供时间；

③明确提供发票类型和税率；

④明确发票导致赔偿责任。

（6）关注合同的权利与义务。

涉及各方利益与风险的细节问题需澄清，关注合同的违约责任，关注合同有效期及解除合同的约定，关注合同章、签订日期等内容。

2. 资金流审核要点

（1）有没有资金流。

①应付账款：对比合同中的付款条件，如果在合同约定范围内，属于正常情况；如不在范围内，则要看企业有无特殊理由或原因。此外，还要考虑应付账款账龄长短，税务局会关注长期不付款的原因，排除关联交易的可能性。

②现金支付：数额巨大的现金支付容易出问题。

③股东代付款项要留意，企业缺资金才可能股东代付，这种业务是排除虚假交易的重点。

（2）资金支付的方向：要尤其留意资金、发票、交易、合同四个方向的统一。

（3）资金流的时间节点同交易、发票是否保持一致，若不一致，考虑是否有延迟纳税情况、是否有偷税漏税等情况出现。

3.发票审核要点

（1）发票格式与内容是否合理，应与合同相对照。

（2）关注发票类型，区分专票与普票、自开票与代开票。

（3）发票的时间，特别警惕跨年度的发票，长期挂账的处理方式导致结果不同，且拿到发票的时间节点应在汇算清缴前。

4.特殊证据审核要点

（1）企业经营环节产生的重要证据，如出入库单等物流证据，报销单、工资表、成本分摊依据、补偿证据、工程施工进度验收资料、验工计价结算单等。

（2）企业管理制度、重要内部文件、决议，如绩效管理办法、促销政策、重大事项等股东会议决议等。

（3）法律证据，如判决书、调解书、执行通知书等。

（4）中介机构鉴证报告，如会计师事务所等的审计报告，评估事务所的评估报告等。

（5）政府相关文件、会议纪要、通知、协议等。

第二节 提升咨询调研能力

一、快速掌握客户行业的特点

行业特点包括宏观和微观两个层面,宏观的特点诸如国家宏观政策、行业所处的周期及行业未来的发展趋势等,微观特点则包括行业当前的业务模式、产品模式、盈利模式等。这些行业信息需要每个财税咨询师能够了解清楚。但所有的行业信息都是来源于业务且需要最后回归到业务层面,因此财税咨询工作离不开业财融合。做好业财融合,了解行业信息是基础,此外还需要了解业务与财务的关系、业务与税务的关系、业务与企业战略的关系。

业财融合的特点:①财税结果来源于公司业务,不同的业务模式、交易行为最终导致不同的财务成果及税务结果;②业务结构决定了财务配比,尤其是成本结构;③业务行为和操作模式决定了财税管理中的证据链,如合同、付款、发票及其他业务流等。

因此,财税咨询师必备的能力主要包括以下两点:①讲故事的能力——设计业务和结构的能力;②把故事落地的能力——证据链设计能力。所有的税务优化最终抓手都是业务架构的调整,甚至是产业链架构的调整。

二、快速了解客户核心产品或服务的商业模式

进行财税咨询前必须了解的行业与业务信息包括：行业或客户公司商业模式，如连锁经营、委托加工、承包经营、业务外包、委托代理等；产品或服务，如教育培训公司、软件公司、煤化工公司等；关键成本费用结构与配比原则，如橱柜销售公司、设计公司、房地产公司等。

三、列出需要准备的资料清单

1. 企业基本情况

（1）工商登记信息、股东、历史变更、章程、主场资本等；

（2）企业简介及历史沿革；

（3）企业团队及组织架构；

（4）产品或服务相关介绍资料、业务相关重要信息资料；

（5）上下游，如供应商、生产经营环节、销售体系等。

2. 财务税务资料

（1）报表、总账明细账、凭证等；

（2）审计过的财务报告、评估报告；

（3）特殊关注点相关账务资料，如成本、收入、研发费用、资金成本、预算报告等；

（4）所有纳税申报资料及税务机关稽查情况资料。

3. 公司相关合同资料

（1）合同台账；

（2）所有重要合同复印件。

4. 公司相关制度体系

公司相关制度体系，包括财务管理制度、重要业务流程和业务管理制度等。

第三节 写好专业文章

一、写专业文章对于财税咨询师的意义

财税咨询师写专业文章有三个重要的目的。第一，写专业文章是塑造公司品牌和个人品牌的最重要的途径。财税咨询最为关键的是要建立信任感，而坚持不懈的知识输出是建立信任感最重要的途径。读者通过专业文章来感知你的专业能力、你的价值观。第二，通过写专业文章，可以抓住客户需求。这样更有利于输出有价值的内容，从而增强客户黏性。第三，写专业文章也是锻炼财税咨询师自身的逻辑思维能力，不断优化完善内在知识体系的必要手段。因此，写文章对于财税咨询师来说是一种重要的技能。

二、四类不同的文章

根据表达观点及写作目的的不同，我们把文章分为四类。

1. 数据库类文章

主要通过政策、资料等信息整理，生成数据库类文章，为读者提供索

引。如工资薪金补贴有两类，一是交通补贴，二是通信补贴，各个省对于这类补贴的扣除限额规定是不一样的。通过整体，把各省的文件汇编成一张表便于查询。这种方式是客户认可的，而且咨询师也需要这样一个工具类的东西。

2. 实操类文章

通过分析某项具体工作，了解实操步骤及要点，最终目的是为读者提供学习资料，告诉读者具体该如何做。

3. 思路类文章

结合财税咨询师日常工作中的思考，进行整体框架及解决思路的整理。一般来说，老板的财务高管对这类文章比较感兴趣。例如，围绕某个决策角度问题，阐述切入点。通常这类文章不太容易写，但它很重要，通常能够抓住老板心的都是思路类文章。

4. 宣传类文章

通俗地讲，宣传类文章就是软文，通常用来做引流用。像朋友圈、公众号里可以看到很多这样的文章。在很多地方都会用到这类文章，如直播课引流、线下课引流等。

三、如何写好专业文章

1. 把握需求，关注文章受众

所有的服务产品都有特定受众群体，因此需要先确定文章写给谁看，即你面向的客户是谁。不同的读者关注的文章主题不同，这决定了你要写的内容，要表达的观点。

（1）财务人员。财务人员所关注的内容主要涉及个人能力的提升及职业生涯发展。因此面向财务人员的文章需要满足他们的学习诉求。第一类，提升财务人员与老板沟通能力、讲解财务政策变化、税收新政热点关注、会计准则问题、企业重组政策、职工福利政策、差旅政策等主题。第二类，实务指导类的主题也是财务工作者关注的。如佣金问题，需要结合理论与实践之间的差距，实际指导业务操作。第三类，争议辨析类。例如对税务机关和企业财务在特定问题上存在分歧的辨析，如旅游费用是否可以计入职工福利费并在税前扣除，这个是存在争议的内容。通过专业财税咨询师的辨析，财务人员能够了解争议的解决方法，结合企业的诉求，如何与税务机关沟通。

当然，财务人员间也有角色差异，需要针对细分群体有所侧重。例如对会计而言，与做账报税相关的课题是他们感兴趣的；对于财务经理而言，则更关注管理内容，如财务内控体系搭建等；对于财务总监而言，资本运营架构设计可能更容易吸引他们的注意。

（2）企业老板。老板与财务人员最大的差别在于老板非财务专业人员，但老板也关注财税政策课题，只是从整个公司经营的角度来看。对于老板来说，他感兴趣的话题有两个，一是风险，二是收益。如风险话题，老板会关心公转私的风险、税务筹划的风险、虚开发票的风险、两套账的风险等。收益话题，老板会关心如何在合规的前提下进行税负优化，有哪些优惠政策可以用，什么样的架构设计可以使企业收益最大化，等等。

对于企业而言，最重要的决策者是老板和财务。财务系统包含两个层次，一是老板决策系统，二是财务落地系统。老板决策系统又分为四个，一是产权架构，二是资产架构，三是业务架构，四是资金架构。因此，如果财税咨询师能够围绕这几个老板感兴趣的点来写成文章，就能够吸引老板的关注。

有了老板感兴趣的话题只是吸引老板关注的第一步，接下来要看你写的文章老板能不能看得懂。大多数老板之所以不喜欢看财税文章，就是因为他觉得自己看不懂。作为财税咨询师，需要研究怎么样用最简短的话，最通俗的语言把复杂的财税问题讲清楚。不能一味地钻进专业领域去，否则你只能"自嗨"，可"自嗨"没有意义，一定要让老板"嗨"起来。这个必须要做到，否则老板对你是无感的。

（3）咨询师。咨询师的主要诉求是通过学习文章来提升咨询能力，学习做业务的技巧。

首先，咨询师在为企业做咨询服务时，必须保持对新财税政策的关注，他希望比企业财务人员更早了解政策，因此政策研读类的文章是咨询师会关注的。由于咨询师对普通的政策比较熟悉，因而在针对咨询师探讨政策课题时，可基于新的政策做一些深度的探讨，如政策的背景、政策的解读、政策的争议、政策的应用，必须包含这四个方面才能称之为深度探讨，才能吸引咨询师的关注。

其次，咨询实务中的案例分析也是咨询师经常会看的主题。咨询师做咨询工作，也需要学习具体的案例。但实务案例涉及保密要求，选题需慎重。

最后，咨询师也会关注一些知识补充类主题。例如特殊政策的汇总，包括普通企业较少关注的差额征税、各地政策争议较大的土地增值税等内容。咨询师通过补充这些不常见的业务知识，搭建自己的财务知识体系，在给客户做服务的时候，才能更有高度和格局。

2.设计精彩吸引人的文章选题

（1）如何选择好的题目。在互联网时代，碎片化学习逐渐成为常态。

文章的题目能否吸引人很大程度上决定了文章的成功与否。以下是好的文章标题的五个标准：

①是否吸引目标受众的注意力；

②能否引导读者看正文；

③可否过滤非目标受众；

④是否传递了完整的内容；

⑤关键词是否符合受众搜索习惯。

（2）设计文章标题的五种方法。

①预设提问式。用一个问题来作为题目，比平铺直叙更能吸引人。人们在面对提问的时候，想得到一个答案，这符合人的心理特征。从心理学的角度来讲，每个人都有追求答案的目的，因此财税类文章最常见的题目就是预设提问式。通过预设性题目吸引读者寻求答案的欲望，那么这篇文章的题目就设计成功了。

例如"作为会计，你为什么一直无法升职"，这就是一个预设提问式标题。因为升职的永远是少数，这符合二八法则。"为什么我旁边的小张升职了，我还没有升职，我明明比他来得早"，有类似想法的人看到这篇文章标题就会开始焦虑，就想寻求答案。那这个标题就是成功的。

再如"支出拿不到发票，财务该怎么办？"这也是一个预设提问式标题。支出拿不到发票，这个是财务常常遇到的一个现实问题。很多花出去的钱就是拿不到发票，如零星采购，老板的个人消费，特殊的送礼支出、佣金回扣等，都是拿不到发票的。那你现在告诉我财务该怎么办？我们分析一下这个标题是否符合好标题的原则。首先，这个问题比较容易激起读者的好奇心，他想寻求答案，符合第一个原则。其次，目标人群是会计、财务，比较清晰。再次，具体操作这项工作的人才会关注，因此也过滤掉了非目标受众。最后，相对来说，信息较全，因此这是一个比较可靠的标题。

②制造矛盾式。矛盾冲突也是常用来抓住读者眼球的方法。例如"辞掉互联网大厂年薪60多万元的工作，我去摆摊卖凉皮"。在大多数人的认知里，卖凉皮肯定不如大厂拿年薪赚钱，但为什么反而不在大厂工作了？我们认为好的他不选，认为差的他选了，这就叫制造矛盾、制造反差。读者看到这个标题就想一探究竟，想知道为什么跟自己想得不一样。

例如"学会这一招的会计，月薪3万招不到"。大家常识里普通会计一个月就拿几千块钱，学会这招就能拿3万元月薪，真的吗？是哪招？我也去学。这就是制造反差。这种标题能比较好地吸引人去看，也算一个好的文章标题设计方式。

③塑造价值式。什么叫塑造价值？就是直接指出利益点，讲明白读者能得到什么。例如"这六张哲理图告诉你，人与人的差距是怎么拉开的""一文了解如何享受固定资产加速折旧政策""成为财务总监的最大障碍是什么"等，这些都是价值塑造式标题。读者看了这篇文章后，就能够收获一些知识，能够解决一些疑惑。给读者指出利益点是什么，能带来什么样的价值，这就叫塑造价值。

④追随热点式。财税领域的文章经常会通过蹭热点来引流，追溯的点有可能是热点，也有可能是"傍大款"。所谓"傍大款"，就是跟自带流量的主体关联在一起出现。例如之前网上传播较广的陈春华老师与华为的故事，就是陈老师"傍"华为的"大款"引发的一系列新闻。我们也可以尝试写一写，例如"华为财务总监的三点感悟""阿里巴巴CFO的三点忠告"之类的主题。

追热点比较好理解，查看当前互联网上有哪些热搜，只要是跟财务相关的，我们就可以尝试去写。如之前娱乐明星偷税漏税或逃税这些事，只要在税上出了问题，我们作为财税咨询师，在第一时间，从技术角度分析，给大家以警示，这就是最好的热点。我们要追热点的话，可以试试"××出事，你还在这样做税务筹划吗"等标题。

当然，不论"傍大款"还是追热点，主要目的是吸引读者点击进去看，文章的内容也就是我们所说的干货一定要有。如果是"标题党"，可能会让看的人很恼火，反而会产生消极的影响。所以题目一定要好，但内容才是关键。好的题目加上好的内容才是一篇成功的文章，只有好的题目没有好的内容就是实打实的"标题党"。当然，光有好的内容，但题目不行，最终也会影响你写的文章的传播速度、传播效果。

⑤干货合集式。这个也比较常见，类似政策汇编类、工作清单类文章会较多采用这类标题。这类文章内容倾向于实务操作类型，较少讲理论，比如"财务总监年末工作清单""财务年底该干的5000件工作""干货！26项差额征税项目合集"等。干货类文章主要针对专业财务人员，老板不看这类文章。因此需注意受众，挑选合适的标题类型。

3.搭建文章基本框架，确保思路清晰

文章的结构考验的是咨询师的逻辑思维能力。存在结构问题的文章往往很难写下去。因此，写文章本身就是对自身逻辑思维能力的一种锻炼和演练。以下是文章结构的六种逻辑安排：

（1）范畴结构。也可以叫平行结构，就是一件事情，包括三个点，它们之间的前后次序不重要，可以随意颠倒。如我喜欢吃的水果有苹果、桃子、芒果，这个讲述的顺序可以随意调换，而不影响表述意思，这个就是范畴结构。大多数情况下，写文章第一个想到的就是用范畴结构。例如，阐述财务人员如何同老板沟通的文章，我列了三点，先划清工作底线，再了解老板需求，最后注意沟通技巧，这三点其实你可以先后搭配。可以把了解老板需求放在前面，也可以把划清工作底线放前面，三者同等重要而无主次之分。

范畴结构最为简单，使用的场景也较多。但仍需注意，使用范畴结构要满足两个原则：第一，阐述的几个点是平行的，要保持逻辑上的统一。例如讲喜欢的东西，有苹果、桃子和芒果，你别写成苹果、桃子和牛肉干，这三者不属于一个类别。第二，列举的要素要穷尽。例如上面我们讲到财务人员如何与老板沟通时所讲的三点要素应该是全部要素。

（2）评价结构。所谓评价结构意味着文章里涉及评价的内容，那么就会有正面、反面，有好的、坏的、中立的。例如我们写"旅游支出能不能计入职工福利费"这个主题的文章，就可以用评价结构。在这篇文章里会阐述不同的观点，支持计入职工福利费，理由是旅游支出是为了满足职工福利的要求，本质上也是一种福利，因此应该计入职工福利费。不支持的观点认为旅游支出属于个人消费，应该列入非货币奖金。这个就是典型的评价结构。

（3）时间结构。时间结构就是按照时间发生的次序来写文章。例如，阐述中国经济发展，会按2019—2023年，分年乃至分季度来讲，它随时间的变化而变化。例如我们讨论"研发费用加计扣除的政策"，它随着时间的变化有政策的变迁过程。因此，我们讨论研发费用的时候，需要对研发费用的历史沿革有一个分析，这里就可能会谈到最初是50%扣除比例，后来到某年出了什么政策，在某些领域变成了100%，文章核心点是一条时间轴。那这个随着时间变化来写的结构就是时间结构。

（4）比较结构。通过不同的维度切入分析问题，比较分析不同决策的差异，这就是比较结构。比较结构有两种写法，一种是按照重要程度来写,例如现在要做的最重要的事情是什么,其次是什么,最后是什么,哪个最重要。如果三个点是完全平行的,那就是前面讲到的范畴结构;如果重要程度不一样,那就应该用比较结构。另一种就是对一个东西进行比较,遇到一个税务上的问题,有两种不同的方案,需要进行比较,这个时候也用比较结构。如研发费用的记账规则,第一种是费用化,第二种是资本化。费用化好还是资本化好?可以有几个不同的思路。从哪个角度来比较,这个叫关键决策点。为了判断哪个决策好,需要找很多维度,比如税是一个维度,风险是一个维度,融资是一个维度,等等,可以有很多的假定。

(5)线性结构。线性结构有点像时间结构,但它不是按时间次序组成,而是按逻辑次序组成。就是一个事情的发展,它总是有先有后,依据事情发生的逻辑次序来写的文章结构就是线性结构。例如"企业财务应该如何做好土地增值税清算准备",这个课题就适合采用线性结构。因为土地增值税清算是房地产公司最重要的一个关键风险点,因此在清算之前,有很多准备工作要做。那怎样做清算准备呢?我们假定有四个步骤,这四步之间有逻辑次序,第二步要在第一步的基础之上,第三步要在第二步的基础之上,次序不能颠倒。第一步,扎实地测算基本数据,有数据才能进行下一步。第二步,梳理账务凭证,寻找问题。第三步,设计土地增值税清算的不同方案。第四步,沟通决策。在写文章的时候遇到这种逻辑次序明确的,我们用线性结构思路就会比较清晰。

(6)因果结构。因果即是先有因后有果,"因为"什么,"所以"什么。比如一定要认识到搞两套账是违法行为,再说清楚两套账的影响是什么,对企业有什么危害,最后阐述企业应该怎么做。这是一个典型的因果结构。

4.文章的整体布局

一篇完整的文章除了正文之外,还应包括引言和结尾。引言主要有三个功能，第一是破题，第二是阐述背景，第三是切入主题。在文章中，需要通过引言来交代以上三个信息点，使文章的信息框架相对完整。正文相对复杂，需要根据文章内容的不同，选取上面介绍的六种框架中的一种或几种来搭建整体内容。最后是得出结论。一篇文章，如果在引言和结论部分都吸引读者，那么他完整看完这篇文章的概率就非常大。

5. 运用段落、文字、格式表达观点

好的内容有了好的形式，效果如虎添翼；好的内容没有好的形式，效果大打折扣。因此段落、文字及格式的表达也非常重要。

（1）段落的设计。

①根据逻辑结构安排段落。根据前面讲的六大结构，按照相应的逻辑安排段落顺序及内容。

②每一段之前最好有提炼好的标题。根据提炼好的标题编辑内容，让整体文章结构更加清晰。

③大段落内部有参差不齐的，可设计小段落。大段落内部有不同层次，不同层次也可再设计小段落，针对需要细讲的，还可以再列出第一点、第二点、第三点来，让整体内容逻辑性更强，联系更紧密。

（2）文字的布局。在文章中，除了要注意段落的划分外，还要善于利用序号。序号可以起到提示读者停顿的作用，很多文字一口气写到底，从头到尾，句子非常长，让人很难轻松读完。那这个时候，序号就能够起到"换气"的作用。不同层次，要用不同序号来清晰表达。我们一般会在文章中设计一、二、三级标题，有需要的话，我们也会设计第四级标题。在普通文章中，三级标题基本够用，但在财税报告里，要用到的层级就相对多一些。因此序号的设计非常有技巧。另外，我们需要合理使用层次性语言，诸如"首先……其次""既……又……""不仅……而且"等。

（3）格式的设计。格式也是表达思想的重要工具，这里我们会讲字体、字号、间距。

首先，我们会关注字体，常用的字体如宋体、黑体、等线、楷书、隶书等，黑体又分微软雅黑，非常复杂。对于经常写字的人来说，了解不同字体的差异，根据内容选择合适的字体也是一门重要技巧。在商务场景中，或者说财税领域，微软雅黑和等线是比较常用的。不同字体有各自的风格，不同风格的字体也传达不同的主题。楷书比较随意，隶书不够规范，宋体看上去比较呆板，微软雅黑则较规范，商业应用场景较多，财务领域的专业文章中也大多用微软雅黑。

字号的设计也有讲究，不同文章所选用的字号需要反复琢磨。一篇文章，首先要考虑看的人的特点。例如我们公众号上的文章，要符合手机的阅读习惯。太小看不清，太大显得烦琐。一般来讲，公众号的文章采用17—19号字比较常见。需要注意的是，一篇文章中的字号和字体通常是统一的。如果文章格式、字体、字号混乱，就会显得作者非常不专业。

其次，字间距、行间距的问题也值得留意。内容丰富的文章让你读起来有收获感，格式美观的文章则让读者读得轻松愉悦。字间距和行间距太小或太大都不行，太小了显得很挤，太大了显得很空。通常来说，行间距1.5比较常见，段落的间距同样也是需要留意的。

最后，特殊的标注也是文章设计中常提到的点。如标黑、标红，斜体、粗体、下划线，这些是比较常用的格式工具。在公众号文章中，针对特别想强调的内容，会通过颜色标记、加粗来突出显示，目的就是让读者看起来更轻松，更容易抓住重点。

第四节 高效表达观点

一、财税咨询师常见沟通场景

对于财税咨询师而言,语言是他们最大的武器和最重要的工具。不管是需求沟通、业务谈判还是成果汇报,财税咨询师的工作最终都落实在一个个沟通场景上。因此一个不善于沟通的咨询师等于缺了一条腿,即使专业能力再强,不能和别人交流,也只能自己做自己的事,一定没办法做好咨询。我们总结了一下财税咨询师需要面对的五种常见沟通场景:

1. 与老板沟通对方公司的问题、需求

与财税问题相关的核心决策点一般掌握在老板手上,例如风险把控方式、可接受的风险程度,这些都要与老板沟通。跟老板沟通对方的问题和需求的时候,如果要输出观点,则需要从我们的专业技能、职业形象相关的点出发。

2. 与客户公司财务交流解答问题,改变思维

在与财务沟通的过程中,重点是通过我们掌握的专业知识来改变财务人员固有的业务思维,因此除了专业领域的内容之外,也需要有观点输出,如我们认为财务怎样做效率更高、工作更合规,或建议财务应该怎样

与老板交流。

3. 与自己团队沟通工作问题

财税咨询师一般以团队形式开展工作，团队内部沟通主要围绕帮助团队成员解决工作困难、思想困难、项目节奏安排引导等展开。出现目标不清晰或节奏混乱时，需要通过团队沟通来重新梳理项目关键节点，保证项目顺利开展。

4. 与税务机关工作人员沟通财税争议问题

这个场景适用于某些项目中，需要财税咨询师代表客户跟税务机关进行沟通。在沟通过程中，需要用我们的专业观点去影响税务机关工作人员，通过客观的陈述让税务机关工作人员认可我们的观点。这比较困难，需要掌握较多的技巧，同时需要结合个人的影响能力来进行。

5. 与客户公司合作伙伴沟通谈判关键问题

代表客户去参与谈判的场景较常见。在此类沟通中，我们主要帮助客户关注条款中最核心的财税内容和风险内容，通过专业观点输出，帮助客户规避风险，争取权益。

二、提升沟通技巧的关键点

如何高效表达观点，用自己的观点去影响别人，我们认为，有以下几个关键点，需要通过反复练习来掌握沟通的技巧。

1. 区分不同的沟通对象

首先要了解对方的需求，搞清楚对方想要什么。不同人的沟通习惯、价值观不尽相同，决定了他的需求、期望值是不一样的。一般来看，财税咨询师要面对的沟通对象分为以下几种：

（1）客户老板：最重要的沟通对象，是咨询服务合同的决策者。因此老板对你的印象如何，你能否用自己的观点来影响他，是决定一个咨询服务合同能否成功的最主要因素。

一般情况下，老板是公司的直接代言人，是公司所有利益的最终体现者，所以他思考的永远是怎么对公司有利，怎么对投资人有利。老板的特点是自信心强，创新能力也非常强。因此，在与老板沟通时，要侧重于满足老板的需求，明确达成需求的代价。

（2）客户财务：老板定调，财务负责谈具体内容。因此在面对客户财务时，需要用专业能力来影响财务。与此同时，需要注意在与财务人员的沟通中，要考虑财务人员的角色和价值问题，不能把自己拔得太高，显得财税人员太差，这个度需要把握好。

财务人员的理念与老板的完全相反，如果把老板比作企业的驾驶员，财务人员就是那个红绿灯。老板是目标导向思维，结果优先，而财务人员具备的往往是风险控制思维，风险优先。在财务人员的工作场景下，财务人员更多从财务部的角度进行思考。如在沟通过程中，财务人员会担心，引进的第三方专业机构会不会对我有什么利益上的伤害，会不会影响我在公司的地位，为我未来的工作设置障碍，等等。在与财务人员沟通的过程中，尤其要注意这些点。

（3）团队员工：运用团队的力量去实现高质量项目交付是财税咨询师的工作方向，不能发挥团队力量的财税咨询师最后都只能化身为兼职财务总监。因此，团队的培养是非常重要的。要通过每次的团队沟通交流，把我们的服务理念、价值观传导给团队员工，从而影响员工，增强团队凝聚力，提升员工的能力。

（4）税务机关：税法有许多存在争议的问题，在某些特殊的场景下，需要我们跟税务机关沟通。那么你如何理解、界定这些存在争议的点，并结合你的沟通技巧，与税务机关沟通，使他理解并支持我们的观点，这能够在某些项目中发挥巨大的作用。

（5）客户合作伙伴：在一些收购、兼并的项目中，财税咨询师代表客户去跟另一方谈判也是较常见的场景。

代表客户与客户的合作伙伴沟通，需要理解双方的博弈关系，这个场景既涉及"合"也涉及"分"，因此在谈判过程中，掌握分寸尤为重要。作为客户委托的咨询机构，我们当然要为客户争取权益。

2. 把握沟通对象的需求与担心

表达自己的观点很重要，但你的表达要抓住对方的需求，关注对方的担心。虽然作为财税咨询师，我们是财税领域的专家，专业能力比老板、企业财税人员强，但在所有的交流沟通中，既要有自信，也要谦虚谨慎，要关注对方的需求，尊重对方的需求。

对老板而言，他的需求主要有三点，第一点是风险，能否规避、控制风险；第二点是节税，能否节税，实现税负优化；第三点是优化管理，能否提升管理效率。通常老板最强烈的需求往往是他愿意为此付费的，这个就是财税咨询师需要去注意的。另外，也要留意老板的担心。例如老板第一个担心的是安全问题，财税咨询师进入企业后，企业所有的经营情况、利润情况、债务情况等信息都告诉了你，作为财税咨询机构，会不会泄露机密，会不会害我，你的职业道德怎么样、人品怎么样，这是老板最担心的。第二个担心就是我把钱付给了你，后面你的活干不好怎么办。第三个担心是你给我出的方案是好方案，我也觉得很好，但它能不能落地，落地是不是符合预期。

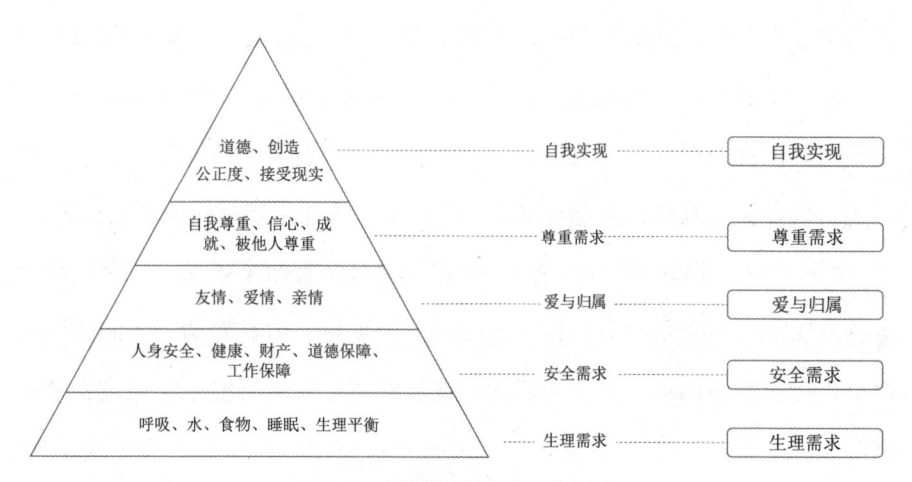

图3-3 马斯洛的需求层次理论

根据著名心理学家马斯洛的需求层次理论，所有人的需求分为五类。第一类是生理需求，第二类是安全需求，第三类是爱与归属需求，第四类是尊重需求，第五类是自我实现需求。这个我们以前大概都学过。了解沟通对象的需求和担心，我们可以对应马斯洛的这个需求理论框架去思考，我们当前面临的沟通对象，他的主要需求是对应哪一类。对于财税咨询来讲，安全是一个非常重要的需求，我们首先会关注所出方案是否符合安全需求。而盈利能力或者节税方案带来的收入，这个归属于生理需求。安全及生理需求，这是财税咨询领域最重要的两个需求。

对于有些老板来讲，他可能已经上升到自我实现的需求层面了，例如他最重要的不是再赚多少钱，而是他如何做才能实现更高层次的梦想。那我们需要了解的就是老板的梦想是什么，例如某些老板想做成一个上市公司，那么财税咨询师就需要关注如何帮助老板搭建更加合规的财税体系，以符合上市企业的规范。如果我们理解了沟通对象的主要需求，并且认可他的这个目标，大家沟通起来就会变得比较顺畅。

对于财务人员来说，最重要的可能是尊重的需求。你作为外部机构，进到企业里面来，挑战了财务人员原本在企业里建立起来的财税领域专家的形象，使财务人员感觉地位受到威胁。因此财税咨询师能不能尊重企业财务人员，真的很重要。沟通的时候，心里要装着马斯洛的这个需求理论框架，只有更好地理解沟通对象的主要需求，才能顺畅地达成沟通目标。

举个例子，财税咨询师去谈一个咨询项目，有两个场景，一个是跟财务总监谈，另一个是跟老板谈。围绕同一个项目，但针对两个不同的沟通对象，我们需要用不同的沟通话术。老板的需求安全可能是第一位，节税是第二位，他的担心也是两个，一个是把这个项目交给你，会不会泄密；另一个就是你的能力怎么样，能不能确保事情落地，能不能出一个可操作的方案。那沟通的时候要了解老板的底线，同时要对应地打消他的顾虑。对于财务总监来说，安全是他的主要需求。当然他也会关心节税，但节税的利益最终是到老板那里，财务总监一般享受不到，但财税咨询师给企业出的节税方案，最后还是需要企业财务人员去做，这个风险主要还是在财务总监那里，因此对于财务总监来说，讲清楚风险比讲节税收益更重要。所以与财务总监沟通，第一个需求是安全，第二个需求是尊重，也就是你作为外部专业人员来到公司之后，会不会冲击到他之前在企业里的地位，会不会对他造成伤害。对于财务总监来说，外部咨询机构的进入，对他而言是个学习的过程，但无可避免有些财务总监格局不够，会担心你在老板面前暴露他此前工作中的一些问题。这个就是面对同一个事情不同沟通对象所关注的差异，需要我们审慎考量。

一个有效的沟通，一定是双方共同的观点输出，既满足了对方的需求，也考虑到对方的担心。

对于团队内部的沟通场景，也有一些点是需要注意的。首先我们看一下团队成员的需求和担心是什么。作为团队成员，第一个需求就是赚钱，也就是对应生理需求。工作当然是为了赚钱，养家糊口，大家都不容易。除此之外，员工还要求成长，要学习，还有归属需求、尊重需求，这三个最重要。一个员工，干得开不开心，能不能赚钱牵涉眼前的利益，能不能学到东西牵涉未来的利益。财税咨询师既是业务员，也是团队的管理者、负责人，需要关注员工的状态，要给员工以尊重，给团队创造归属感。例如有的员工状态不佳，就需要财税咨询师去和团队成员沟通，要思考是员工的哪个需求未被满足，有针对性地加以解决。

针对沟通对象的需求和担心，我们可以有一个简单的框架来归纳和梳理。识别需求，需要了解以下信息：

（1）我们对他有什么样的期待和要求；

（2）沟通事宜对于他的利益和价值；

（3）相关方的政治、文化背景及个人特点；

（4）相关方的身份、责任、关系及相关的依赖性；

（5）他对我们有什么样的期待和要求；

（6）双方的期待和要求是否一致，一致或者不一致的原因是什么。

这个信息归纳的框架比较全，可以提供一些参考。但作为财税咨询师，在与对方沟通前，需要把这几点先厘清、整理好，这对后续的沟通会有非常大的帮助。按照我过往的项目经验，我一般是先倾听，先听听人家怎么说的，作为第一轮信息输入。倾听看似容易，但其实是最难的事情。比较容易出现的情况是，你讲你的，我讲我的，大家彼此都没有很好地理解对方说的话，这样的沟通是无效的。作为咨询师，一定要先听对方要做什么，从他要做的事当中去识别他的需求，去判断他的担心。当然，并不是所有的对象都能很清晰地知道自己的需求，我们要有耐心，要让对方感受到我们的认真和耐心，只有这样，他才会愿意讲。要注意的是，有些人可能善于表达，有些人则可能不太善于表达；有些人性格内敛，有些人可能外向，在这个过程中，我们的沟通技巧就要发挥作用了。面对不同的沟通者，我们如何做到很好的引导，选取适当的时候进行提问，根据问题进行追问，发掘问题最后的实际意图，最后对所有信息进行汇总、归纳、提炼，以上都是财税咨询师的基本功。大家也可以看看提问框架，这里不再延展。沟通效率高不高，全看沟通基本功扎实不扎实。总结起来，沟通有以下几个必要的步骤，可供大家参考：

（1）耐心倾听；

（2）适当提问；

（3）精准汇总；

（4）再次确认。

我举个例子来说明一下。例如我与某企业的老板沟通，一般会让老板先说。首先，我会让老板先介绍他企业的情况，如所处的行业情况、业务领域、企业经营情况、经营规模、营收情况等基本信息。其次，我会让老板陈述一下他的问题。在这里老板会说很多他觉得哪里有问题的信息，在这个基础上，我会归纳总结，然后有针对性地提问，通过老板的回应补充我想了解的信息。最后，提炼观点，如说我会给出一个初步的结论，我觉得贵公司的财税管理有问题，什么问题，我就一条一条给他讲清楚。在讲问题的过程中实际上是我在诊断企业存在的问题，我会提出我的解决方案，但对方是否认可方案，要去跟对方确认。最后，我会再次跟老板确认，问这是不是他想要的东西。只有对方认可我给出的方案，这样的沟通才能有结果。

3.建立高效表达的底层逻辑

逻辑思维清晰的人，表达出来的思路也很清晰，听者容易理解，也更能接受你的观点。作为财税咨询师，底层逻辑是安身立命的根本，必须锻炼清晰的逻辑思维能力。对于大多数人而言，沟通表达的痛点不外乎以下这五项：

（1）交流抓不住重点：讲了很久，输出了很多内容，但听者不知道你想表达的重点是什么。

（2）不知道从何说起：有很多个点，不知道从哪个点开始讲，也不知道应该到哪个点收尾。

（3）讲话没有层次：需要说明的点太多，彼此之间没有层次，关系不够清晰。

（4）观点缺乏逻辑：主次优先级论述，要点的说明理由不够充分，点与点之间割裂，未构成彼此强化的关系，论据缺乏逻辑。

（5）内容冗长乏味。抓不到重点又怕遗漏信息，因此沟通的内容散、乱、多，而让别人能够接收的信息有限，要求沟通内容简练且有逻辑关系。

要解决沟通上的问题，有一个最常用的模型大家不能忽视，这就是金字塔模型，相信大家对这套理论模型并不陌生。我们在这里提到金字塔模型，目的是希望大家站在财税咨询师的角度去看看，我们应该如何运用金字塔模型来高效表达观点，来提升我们沟通的效率。

金字塔模型很符合心理学特点，因为人的大脑是有惰性的，它要有逻辑性才能够思考。当大脑发现需要同时接收的点超过四个或者五个时，就会开始将其归类到不同的逻辑范畴中，以便记忆。因此，让听者清晰地明白你在讲什么，也要符合这个逻辑特点，这样的话，就需要做不同的归类。

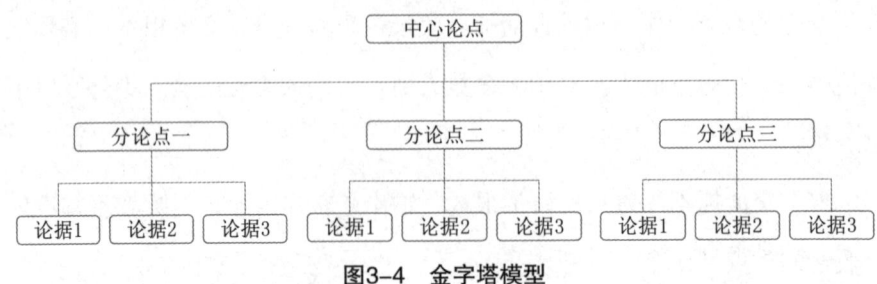

```
                          ┌─────────┐
                          │ 中心论点 │
                          └─────────┘
          ┌──────────────────┼──────────────────┐
     ┌─────────┐        ┌─────────┐        ┌─────────┐
     │ 分论点一 │        │ 分论点二 │        │ 分论点三 │
     └─────────┘        └─────────┘        └─────────┘
   ┌─────┼─────┐      ┌─────┼─────┐      ┌─────┼─────┐
 论据1 论据2 论据3   论据1 论据2 论据3   论据1 论据2 论据3
```

图3-4　金字塔模型

从这个模型来看，金字塔最上面的就是你想表达的核心观点，或者中心论点。每个观点下面，会有三个分论点来支撑你的中心论点，每个分论点下面又各包含三个论据说明。把这个图理解成我们沟通的语言，你就会发现，要表达你的中心论点，至少需要有九句话，但如果你一次说了九句话，这些信息搅和在一起，听者的大脑可能就乱了。但如果我们借用金字塔模型来分类、分层次表达，就会很清晰。

我们举例说明一下。财税咨询师经常会遇到的三个点，如我们要跟老板强调我们咨询方案的顶层设计如何搭建，这个是我们从实践中总结出来的理念，我们当然希望老板能够理解并认同。我们要告诉老板，顶层财税设计非常重要。接着，我们要论述为什么顶层设计非常重要，第一，产权设计，经营主体的设计，股权的设计，这些核心的内容都属于产权设计；第二，资产设计，这里会讲到资产应该往哪里放，资产的布局如何安排；第三，业务设计，资产间要不要作关联，有没有产业链上的商业模式设计。顶层设计的这三个点与企业的生存与发展密不可分，是一个企业中最核心、最重要的内容，因此它非常重要。且顶层设计不归属于财务思考的问题，也不是财务能决定的，它是老板决定的问题。所以从金字塔原理来看，顶层设计逻辑也是自上而下的，先有顶层设计逻辑，往下是资产设计、产权设计、业务设计，再往下也可以继续细分。

再举一个例子，我们要输出一个观点，告诉老板企业经营有一个很重要的工具叫寻找对标。所谓对标，其实就是所处行业里面的榜样，企业做得好与坏，内部对比是无法得出结论的，因此我们可以同行业的榜样作对比，通过寻找对标找到差距，发现问题，进而提升企业自身经营水平。阐述如何寻找对标有三个关键点，第一，战略目标的对标；第二，产品服务的对标；第三，财务指标的对标。再往下一层，我们需要论述，每个不同维度的对标如何寻找，意义是什么等，分层拆解，才能把逻辑讲通、讲顺。

例如要帮助企业梳理老板最关注的三个财税关键问题，也可以套用金字塔原理来说清楚。第一，阐述风险在哪里，告诉老板，企业当前有什么风险，风险的底线在哪里，如何解决。第二，阐述如何进行税负优化，告诉老板，优化的目标如何设置，优化的手段有哪些，由谁来推动落地等。第三，提升财税管理效率，这里需要说明，如何实现财税工作的标准化与内部控制，财务如何为经营提供辅助及财务团队如何建设。这样就成体系地把老板需要关注的三个财税问题都讲清楚了。

这就是金字塔模型在财税咨询领域的应用，大家要学会它的整体思路，主观点先行，再论证。一般来说，三个分论点比较符合人的思维习惯，再针对分论点按实际需要论证。我们可以从上往下搭建，先有观点，再讲论据。也可以从下往上搭建，先找论据一二三，再得出结论。这样层次清楚，观点明确。当然采用自上而下还是自下而上的方式，需要根据具体情况来判断。上面我们提到过的一个例子，财税咨询师跟老板阐述一个观点，即"当前公司的纳税管理存在很大的问题"，这个是主观点。核心有哪些问题呢？我们假定有这几个问题，第一，公司缺少整体规划；第二，公司没有人对纳税工作整体负责；第三，公司在纳税管理上缺少方法和工具。这样一说，要点清晰，层层论证，老板就很容易听明白。这就是采取自上而下的表述方法，先有观点，再说论据。自下而上则与之相反。我们还是举例来说明一下。实务中我们经常会做内部审计的案例。内部审计大家都能理解，就是帮企业找问题，找完问题进行汇总，形成一个结论。在实际操作过程中，最初接手一个企业的时候我们是不了解情况的，因此没有形成观点。对于这个企业的背景、总体风险、财税体系情况等信息，我们都不了解，也没有观点。这个时候，我们就应该全方位、无差别地审核账务，把企业过往周期内完整的账务都查一遍，把报税体系查一遍。在这个过程中，我们都是客观记录，记录完后，列出所有问题，有的会输出多层归类汇总书，把所有问题一层一层厘清。最底层的问题可能很多，有几百上千个小问题，首先归到七八个小类里面，七八个小类又再往上归到三个大类里面，我们称之为多层归类汇总整理。最后才汇总成一句话，公司财税管理存在严重问题。我们按照金字塔模型来对这项工作进行汇报的时候该如何汇报呢？大家现在应该清楚了，观点先行，首先，经过这段时间的工作，我们得出一个结论，你们公司的财税管理存在严重的问题。有多严重，体现在三方面：第一，财务混乱，公司的核算混乱；第二，票据不足，税务管理风险极大；第三，管理缺失，内控不足。每一个点里又可以基于我们梳理出来的小问题再做归纳，层层分解，思路就很清晰，这就是我们内审报告最后要表达出来的内容，学习了金字塔模型之后，在工作过程中，我们用自下而上的方式发现问题，在汇报沟通的时候，我们较多用自上而下的方式。

在搭金字塔模型的过程中，除了纵向结构还有横向结构。纵向结构有八字原则，就是我们前面一直在讲的结论先行，以下统上。

（1）第一层一定是旗帜鲜明的观点；

（2）第二层是佐证观点的分论点，或者原因；

（3）第三层继续第二层的深入分析，或者有时候也可以直接是案例论述。

沟通的层次通常建议三层，语言沟通一般结构不要超过三层，太复杂了也不利于吸收。

横向结构也有八字原则，叫归类分组，顺序排列。

（1）平行关系；

（2）时间关系；

（3）程度关系。

在横向结构里，最重要的是第二层，这一层决定了整个金字塔模型的基本框架。在横向结构里面，有一个非常重要的原则，叫 MECE 原则，这一法则来自世界顶级咨询公司麦肯锡，是由咨询师芭芭拉明托首次提出来的，金字塔原理也是麦肯锡提出来的。MECE 是英语 Mutually Exclusive Collectively Exhaustive 的简称，中文意思是"相互独立，完全穷尽"，也就是对于一个重大的议题，能够做到不重叠、不遗漏地分类，而且能够借此有效把握问题的核心，并解决问题的方法。这里最重要的是强调"不重叠、不遗漏"。不重叠好理解，就是各部分之间相互独立，同类因素不重复列示；不遗漏则是指某个整体划分为不同部分时，要完全穷尽所有因素。我们举个例子说明一下 MECE 原则如何应用。税法关于偷税的界定。什么叫偷税？在征管法里规定了偷税的三种情况。第一种，伪造、变造、隐匿、擅自销毁账簿/记账凭证。第二种，账簿上多列支出，或者少列甚至不列收入。第三种，经税务机关通知而拒不申报或进行虚假的纳税申报，不缴或少缴税款。所有的偷税行为最终都归到这三种上。这三者之间相互没关系，也没有重叠的地方，列出来的这些行为也完全穷尽了。所以，税法中关于偷税的界定非常符合 MECE 原则。

因此，财务咨询师在沟通的过程中，需要先把中心思想拎出来，如何借用金字塔模型，把我们整个论述结构思考清楚。高效的沟通是由一个个独立、简单的沟通组成的，我们需要把核心东西搞清楚。其中最核心的，就是要熟练掌握金字塔原理在沟通中的应用，清楚纵向结构、横向结构表述逻辑，注重逻辑关系和MECE法则。

三、学会一分钟表达自己的观点

通过清晰的逻辑，快速组织语言，用一分钟的时间，把核心观点表达清楚，从而快速影响别人，这是关键。

1. 麦肯锡30秒电梯理论

麦肯锡里面流传着这样一个故事。有一次，他们给一个大客户做咨询服务，在咨询快要结束时，麦肯锡的项目负责人与那家公司的董事长在电梯里相遇，董事长开口询问："可以和我说一下咨询的结果吗？"该负责人事先没有准备，只好边想边说，结果在电梯里没有说清楚。最终，麦肯锡失去了一位重要的大客户。从那以后，麦肯锡要求全体人员，都要在最短的时间内，例如30秒，把事情表达完整、清晰，并展开有针对性的培训。麦肯锡认为，要想在30秒内把想说的说清楚，就必须开门见山、直奔主题、提取要点，而不是毫无章法的沟通。他们把回答归纳为1、2、3点，而不是4、5、6点，因为说太多别人记不住。这就是企业界流传甚广的"30秒电梯理论"。

对于财税咨询师来说，我们有许多工作场景，都会遇到这种简短但又非常重要的交流。因此，作为一个优秀的财税咨询师，必须训练自己一分钟表达观点的能力。可能有些人不太理解，为什么需要一分钟表达观点，我们总结以下几个原因：

（1）越是重要的人，时间越是稀缺。对于咨询师来说，最重要的交流对象是老板。老板的时间最值钱，他能留一点时间出来与你交流都非常不容易，在这段简短的时间内，你如何打动他变得非常重要。

（2）长的沟通也是由一个一个短小的沟通单元组成的。比如我们跟对方谈判，有十条待沟通的内容，每个待沟通的点需要一小时，最后划分到细点上，就是几分钟的沟通单元。所以如果你具备了短沟通单元的组织能力和强表达能力，长的沟通也不在话下。

（3）人们接收信息的习惯有利于记住简短而有逻辑的话。主要通过反复练习我们前面所讲的金字塔模型，即可锻炼我们简短、有逻辑的沟通能力。

2. 需要用到一分钟表达的典型场景

（1）向老板汇报工作：跟老板汇报工作时间短，且包括比较多的内容，比如发现的问题，个人的看法及针对问题的解决建议等，信息量大，需要遵循一分钟表达原则。

（2）代表客户参加谈判：谈判过程中需要简短表达我们的意见，并针对我们的观点给出说明，从而影响别人。

（3）关键时候介绍公司：比如第一次跟对方高管见面会谈，对方可能不太熟悉我们企业的情况，这个时候需要篇幅不长但又能说到点子上的介绍，这个也需要遵循一分钟表达原则，避免冗长给人留下不好的印象。

（4）用观点说服别人：用来说服别人的观点一定要简短，太多的赘述显得对自己的结论信心不足，连自己都说服不了，如何说服别人？

（5）会议中脱颖而出：会议中的发言时间有限，轮到你发言的时候，一篇简短有力的表述能够让你脱颖而出。

3.一分钟表达自己的观点注意事项

（1）先有一个清晰的观点。第一，要有意识地培养自己观点先行的交流习惯。第二，表达的观点要能刺激、触动、影响沟通对象，这要求我们充分了解对方的需求和痛点。第三，观点要清晰、简洁、明了，不含糊其词，因为人家没有时间去慢慢揣摩你想表达的观点，只有尽可能降低沟通成本，把观点抛出来，别人才能更好地理解。第四，要学会从事情中提炼观点，总结、归纳观点。商务沟通场景中，有时候观点不是先入为主的，而是你在交流过程中逐步形成的，这个就要求我们在沟通的过程中，不断归纳、总结、提炼，最后才能输出我们的观点。

举个例子，我有一次跟客户交谈，这个客户就问我，有没有好的财务总监介绍给他。那这个沟通表面上就是客户需要一个财务总监，于是我就问他，你需要财务总监干吗？最后我发现，他要的不是一个财务总监，而是要解决公司的某些问题。这个时候，我就马上跟他厘清需求：你需要的不是一个财务总监，你需要的是解决公司这个问题，至于解决这个问题的人是财务总监，或是其他员工甚至是外部专家，不是关键问题。我的观点一出来，对方就愣住了，他想了想说，好像是你说的是这么回事啊。然后我就告诉他为什么我会这样认为。我为他分析清楚之后，对方就不会再提要我推荐财务总监的事了，转而去聊如何解决实际问题了。

（2）梳理一个清晰的结构。首先是简化版的金字塔结构，这个我们在前面的金字塔结构里面谈到了。既有横向结构也有纵向结构，后面论据部分，我们也分了三层。在一分钟的观点表达里，也需要遵循金字塔结构，只不过这是一个简化版的金字塔。

（3）简化版金字塔结构。

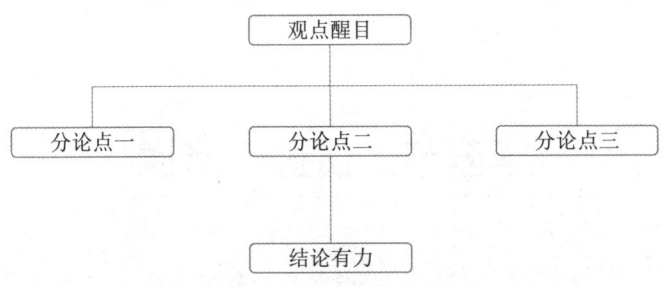

```
            观点醒目
    ┌──────────┼──────────┐
 分论点一    分论点二    分论点三
              │
           结论有力
```

图3-5 简化版金字塔结构

另一个是更简单的观点论证，需要提炼一个明确而醒目的观点，同时列举三点来支撑你的观点，一般两层的金字塔结构用一分钟表述就足够了。所以我们一般采用观点先行，直接解释观点这样的逻辑框架去做一分钟陈述。

（4）更简单的观点论述。

观点先行 → 观点解释 → 举例证明

图3-6 更简单的观点论述步骤

在我们用一分钟去表达的时候，你需要关注以下几个问题：

①用词准确，去掉"基本上、大概、可能、应该没问题"这些字眼。

②做好前期准备，在纸上写下金字塔结构框架。

③交流中坦然注视对方的眼睛，既不可闪烁目光，也不可回避目光。

④平常多练习，交流沟通不是天赋，而是技能。

⑤录音后回听你自己的观点表达，发现问题，并反复练习提升。

第五节　讲好一堂课

一、讲课对于财税咨询师的意义

对于财税咨询师而言，讲课是一项重要的能力。我们可以不是一个专职的讲课老师，也可以不是讲课大师，但我们还是需要能够清晰并简洁明了地表达自己的意见，把自己的思想和观念传达给客户，这个很重要。通常来讲，讲课的作用有三个：

1. 塑造公司品牌和个人品牌的关键手段

讲课是专业知识的输出渠道之一，是影响他人最有效的手段。

2. 咨询服务的重要补充手段

有时候培训是一个增值服务，比如我们给客户做专项咨询，结束之后为了支持企业落地，会给高管做一个内训，通过内训改变他们的固有思维，对方案进行更详细化、更体系化的讲解，这就是增值服务。有时候培训也是一种必要的沟通手段。比如内控业务，最难的是改变思想，在这种情况下，内训服务就必不可少。且咨询服务本身也离不开培训。

3. 重构咨询师知识体系的重要手段

在咨询师知识体系重构的课题下，通常会包含税法理论重构、业务端重构，每一个知识点都需要厘清、搞透，避免似是而非。财税咨询师讲课的过程也是一种高效的学习方式。有时候即使你没彻底想明白，也能写出来。但通过你讲出来，让别人明白，这才是真正地明白。

二、如何讲好一堂课

1. 设定好的主题是成功的一半

（1）客户想要的才是好课题。先了解听课的人是谁，他们的行业、身份、背景等信息，可以让我们在讲课的过程中灵活调整角度，包括重要知识点的侧重、内容的深浅、表述的语言。老师讲的都是听众愿意听的，这点非常重要。演讲大师林肯有句话，用在这里很合适，他说每当我准备发言的时候，总会花三分之二的时间思考听众想听什么，只用三分之一的时间思考我想说什么。想讲什么不重要，重要的是人家想听什么，这个道理告诉我们一定要有客户思维、听众思维和学员思维。在财税领域，我们通常把听众分为这几类：老板或高管、财务人员、财税从业者，对于这些听众想听的内容，我们做以下简单梳理。

老板或高管：首先是关注风险，比如税法问题、刑法问题，如何控制风险，这个是他们关心的。其次是股权，因为股权是非常重要的控制手段，也同样是收益权的实现手段、员工激励手段。再次是资金，包括融资问题、资金安全问题、资金使用效率问题、资金路线设计，以上这些是老板关注的。最后是顶层设计，像前面提到过的产权设计、业务设计、资产资金这些都归属于顶层设计范畴。

财务人员：最关心的是能力成长，各类职称考试如注册会计师、注册税务师、中高级会计资格考试等。其次是实务操作内容，以解决财务工作中的日常问题为主。

财税从业者：首先关注专业领域的问题。作为财税咨询师，需要具备行业内最专业的知识，了解最前沿的信息，因此每一个财税咨询师都是在不断学习中不断成长的。他们也会遇到不好把握的难题，比如首次接触的项目类型、做得比较少的行业等，这个时候就需要有一个学习途径，同行的财税咨询课就是一个学习专业知识、持续充电的好渠道。其次关注业务能力提升主题。财税咨询师如何找到客户、如何与客户交谈、如何做好咨询服务，这些是他们关心的内容。

（2）不同课程类型主题选择。不同课程类型的主题选择要与课程的具体场景相匹配，这里我们主要针对财税领域常用的三个课程类型作简要说明。

①沙龙。特点是时间短，课题比较聚焦，围绕某个点，把一个点讲透，使得参与沙龙的人可以达到学以致用的目的。因此如果选择以沙龙的形式讲课，建议要先做准备，预先搜索热点问题，让每个参与者带着问题来，并将问题糅到主题中去，这样就可以更好地聚焦，也能够更加贴近听众想了解的内容。

②内训。主要是针对某一个公司在某一个阶段的问题做相应的培训。因此要提前了解企业详细情况，提前收集问题。再结合与企业管理者对于内训的目的和要求方面的沟通反馈，设计好相应的内训主题，这样才能有针对性地解决问题。

③系统大课。有时候也可能是面向行业协会、机构的公开课，这个仍然要强调聚焦。这个聚焦指的是聚焦受众群体的身份，同时兼顾行业。

（3）系列还是单课题设计。

①单课题设计。单课题设计课程在财税领域一般叫精品课，课题比较

聚焦，围绕解决某一个问题展开，偏重实务操作。比如之前我们提到的企业票据主题精品课，就围绕票据审核风险与证据链设计来讲。内容包括票据审核、证据链设计等。

②系列课程主题设计。这个在线上课程体系中比较常见，涉及多课题、体系化的内容都需要通过系列课程来拆解才足以把内容讲透。线下系列课程通常是训练营，几乎各大财税咨询机构都会开设此类课程。多课题要比单课题复杂一些，它会提炼一个大的主题，主题之下又会细分多个小主题，主次课题之间有逻辑关系。比如所得税课程、土地增值税课程、个人所得税课程等，就适合通过系列课程的方式设计主题。

（4）主题表述三种方法。

①传统课程主题表达法。指大家耳熟能详、比较普通的主题，比如"发票审核关键风险与解决思路""企业所得税汇算清缴疑难问题与填报技巧"等。传统主题内容比较稳健，财税行业的学员以严谨为特点，因此主题不宜太跳脱。传统课题一般在大课中使用得比较多。

传统课题通常使用两步式设计，比如"发票审核关键风险与解决思路"，前面部分讲风险争议问题，后面也会讲解决思路问题，这是个比较好的方式。

当课程有特定的目标听众时，我们也会在课题里面加上目标听众。比如"财务总监纳税管理难点与体系构建"，这里加上财务总监也就是这个课程的目标听众，可以帮助我们排除一些非目标听众。

②提问式主题表达法。提问式顾名思义就是指课题是一个问句，比如"财税咨询师如何讲好一堂课？""财务人员如何审核发票？"，这些就是一个提问式的主题表达。一般沙龙课、精品课、线上主题课比较适合用提问式课题。针对解决某一个点的问题的内容，用提问式主题效果就比较

好。从心理学的角度，人们针对自己有疑问的地方会自然产生寻求答案的欲望，提问式主题能够激发他们听课的欲望。

③价值塑造式主题表达法。价值塑造类课题属于比较常见的类型，主题通常是为了突出课程的价值。比如"百万财税咨询师训练营""轻松搞定土地增值税""五分钟学会汇算清缴"等，通过对年薪百万的财税咨询师与普通财税咨询师直接的区别讲解，让听众了解顶级财税咨询师需要掌握的工作方法和技巧，这些就是此类主题培训想要达到的目标，而课题中对百万年薪的限定就是对内容的塑造。

价值塑造式主题较其他主题更能直接指出利益点，影响和刺激听众。这类课题更适合沙龙类、线上类较简单的课题，有时候也作为大课的副标题，直接用作大课标题的比较少。

2. 如何搭建课堂的逻辑框架

讲课要让听的人能够清楚明白地了解你的想法和观点，并且学习你想要教会的内容，在此过程中，搭建逻辑框架就显得非常重要。讲课的逻辑框架设计与前面我们讲到的写文章的逻辑框架设计有共同之处。因为无论写还是讲都需要很强的逻辑性。下面是文章结构的六种逻辑框架，大家可以参照回顾一下。

（1）文章结构的六种逻辑框架。

图3-7 文章结构的六种逻辑框架

（2）画思维导图列出逻辑框架。在设计课程的时候，我们需要先梳理自己的内容逻辑，这个时候要用到思维导图，通过思维导图梳理清楚逻辑结构。同时，在我们梳理逻辑结构图的过程中，我们能够发现问题，比如哪个板块没有讲好，哪个板块有缺失，都会比较轻易地检查出来。所以在设计课程时，要先画一张这样的图。

举例来说，当我们要设计"财务总监必须掌握的财税管理整体架构分析"课程时，我们要先梳理逻辑。梳理财务总监必须掌握的财税管理整体架构是第一层逻辑。按照企业决策层划分，我们把财税管理整体架构分为两个层次，一个是老板，另一个是财务。老板要管理决策系统，首先需要搭好自己的顶层设计。财务主要负责落地系统，因此要做好财税管理是第二层逻辑。这个上下层次的设计就是我们之前讲到的范畴结构。再往下分第三层的逻辑，我们知道老板的顶层设计又包含四个内容，即产权结构设计、资产结构设计、业务结构设计与资金结构设计。这四个板块的内容需要由老板来决定，因此我们统一划分到老板决策系统下。财务落地系统也包含四个内容：标准账务系统要有标准化的做账体系；安全税务系统需要做规范纳税，同时要做税务规划，确保安全；需要从岗位设置、流程安排、制度设计的角度做好内控管理；决策数据体系则包括财务层面的决策数据体系及给老板的管理报表体系。我们还可以往下再细分到更加具体的内容上。比如产权结构设计又分为主体身份、股东身份、风险隔离、集团架构四个内容。对以上内容你还可以再往下分。

画思维导图的过程就是我们设计逻辑结构的过程，对于财税咨询师来说，这是必须掌握的技能。

```
                                    ┌─ 产权结构设计
                  ┌─ 老板决策系统：顶  ├─ 资产结构设计
                  │   层设计          ├─ 业务结构设计
财务总监必须掌握  │                  └─ 资金结构设计
的财税管理整体架──┤
构分析            │                  ┌─ 标准账务系统
                  └─ 财务落地系统：财  ├─ 安全税务体系
                      税管理          ├─ 管理内控体系
                                    └─ 决策数据体系
```

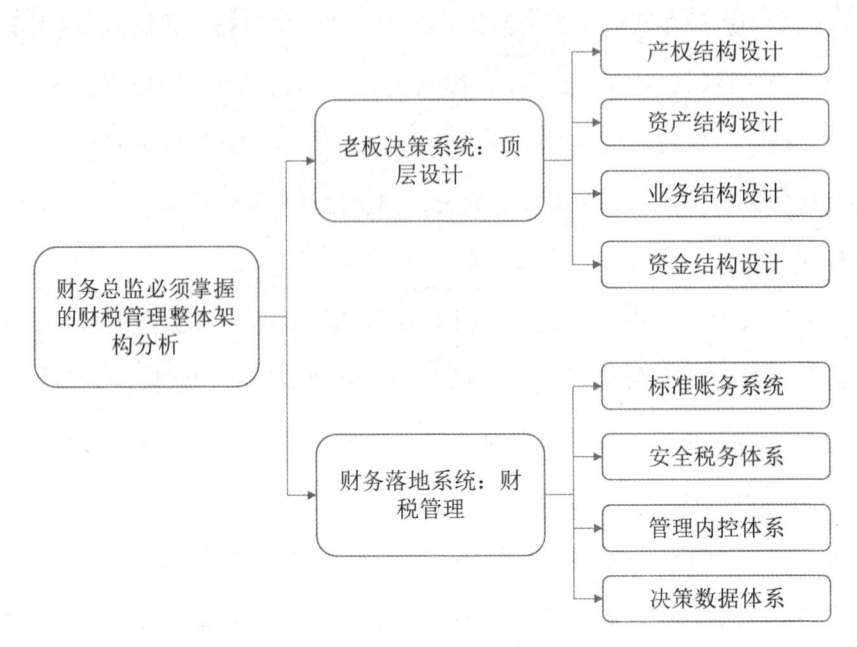

图3-8　财务总监必须掌握的财税管理整体架构分析思维导图

（3）设计课程逻辑框架的关注点。首先要逐层设计架构，最重要的是第一层和第二层。第一层代表整体的框架，第二层代表骨干框架。就好比企业的高管和中层管理者是企业最重要的组成部分。整体架构的第一层通常是范畴结构，后面第二层、第三层可能是范畴结构，也可能是其他结构。

即便同样是范畴结构，也会有不同的视角。在财税领域，我们有税法视角、企业运营视角、企业生命周期视角、疑难问题视角等。比如我们要讲一个课题，可以从增值税是如何规定的、所得税是如何规定的、小税种是如何规定的角度去讲，我们也可以从运营的视角去讲，企业的运营需要做好哪些工作，也可以从企业流程的角度去看企业整体生命周期管控，甚至从疑难问题视角，直接把疑难问题列出来。这些都是设计架构的不同视角，下面我们举例说明一下。

案例一，我们要做一个课题："2022年企业全年税收风险自查及补救策略。"这是一个传统课题，因此我们能看见课题设计是两步式的，先讲风险如何自查，后面告诉你查到风险后如何补救。第一层很清晰，既然是税收风险，那我们就按照税种来分，接下来我们就会讲增值税风险自查及补救、企业所得税风险自查及补救、个人所得税自查及补救、小税种风险自查及补救等。第二层，比如我们讲增值税怎么查，下面会分进项抵扣风险、收入确认风险、发票开具风险、特殊业务风险等。这样增值税也分为四类，仍旧是范畴类型。所得税也可以按照这个逻辑列出来，这样第二层也搭好了，整个课程的体系就建立起来了。

刚才我们是从税种的维度去讲这个课题，我们也可以换个角度去讲"2022年企业全年税收风险自查及补救策略"这个课题。比如我们从企业经营流程的角度来看，会将第一层分为采购管理中的税收风险自查及补救、生产管理中的税收风险自查及补救、销售管理中的税收风险自查及补救、投资与资产管理中的税收风险自查及补救。这样整个课题就被分成五个板块。五个板块的内容是平行的关系，那还是属于范畴结构。每个板块下面，我们又可以进行具体分解。比如投资与资产管理中的税收风险自查及补救，我们可以细分为接受投资的风险、对外投资的风险、资产重组的风险、资产管理的风险及资产损失的风险。这样逻辑结构的第二层也分好了。按照这个分层框架，再复杂一点的课题都可以往下拆解。

案例二，"房地产企业生命周期财税疑难问题与解决思路"课题。这里我们仍然按照两步式设计题目，涵盖问题梳理与对应的解决思路。第一层，我们按照公司的整体生命周期逻辑设计，这个属于次序结构。第一，房企设立阶段的财税疑难与解决思路；第二，项目获取阶段的财税疑难与解决思路；第三，项目建设阶段的财税疑难与解决思路；第四，项目销售阶段的财税疑难与解决思路；第五，项目完工阶段的财税疑难与解决思路。这是第一层的逻辑划分。以项目获取阶段为例，我们往下拆分，按照常见的项目获取方式，我们可以将其分为五种，即招拍挂拿地阶段、项目公司收购、旧城改造、在建项目收购、合作开发。按照不同的拿地方式，我们对应去拆解不同方式所遇到的财税疑难问题及相应的解决思路。

把逻辑框架分一二三层设计好，整体的逻辑就会清晰，内容就不会有疏漏。逻辑结构拆分这个工作需要每一个财税咨询师不断尝试、总结、提炼，最后把它内化于心，变成我们工作中不可缺少的工具之一。不管是写东西还是讲课，全部都需要设计逻辑结构，逻辑清晰，思路就清晰，内容就丰满。逻辑不清晰，不仅你讲得累，客户也不能吸收到你讲的要点。

一般小课比如沙龙、精品课，这些拆分到两层的逻辑框架就可以了，但大课就至少需要三到四层的结构，甚至更多。因此小课程框架更简洁，以突出亮点为主；大课程框架更加复杂，以体系化的设计为主。

（4）逻辑结构两大神器。

①金字塔结构。正如前面讲到的，金字塔结构是我们表达、思考的主要逻辑结构，我们可以将其应用到我们的课程框架设计中去。讲课也好，沟通交流也罢，需要有一个中心思想，这个是核心。在中心思想或者结论下面，我们拆分三个论点，一般按照大脑记忆的结构来看，三个点是比较容易记忆和理解的，建议拆分三个点即可。在每个论点之下，我们又可以分三个说明，这样金字塔的结构就是"一三九结构"，我们按照这个逻辑去梳理，基本能应付大部分的主题演讲。

② MECE 原则。MECE 原则我们前面也讲过，这里再强调一下。MECE 原则要求我们在做分类的时候，主观点、辅观点都应该符合 MECE 原则，相互独立，完全穷尽。沟通、写文章都要注意这个原则，讲课也需要遵循这一原则。在我们拆分讲课逻辑框架的时候，需要用 MECE 原则去

检查每个逻辑是否完全平行且通顺无遗漏。只有平行且穷尽，我们的思维才是清晰的，内容才是充实、丰满的。这两个工具，需要我们反复练习，熟练掌握。

3. 如何做好案例的设计

成年人对知识的学习有一个"721法则"，"721法则"的意思指10%的知识来源于理论学习，20%来源于反馈，70%来源于实践。因此财务咨询师的课程若想取得好的学习效果，必须遵循这个法则，也就是说，在财税咨询课程内容中案例设计部分十分重要。做好案例分析就能够设计好一个场景，让听众更好地理解知识。从我们过往的经验来看，案例设计有以下几个重点需要注意：

（1）案例从哪里来。不同的人在工作中接触的案例不同，为了使财税咨询师课程所讲的内容与听众的工作经历完全匹配，需要有针对性地做一些工作。比如案例积累，这是需要财税咨询师长期去做的。

财税课程中的案例要与财税相关，而财税问题本身具有敏感性和特殊性，因此我们很少能够在媒体上或者网上看见这样的案例。但结合我们过往的工作经验，财税咨询师可以通过以下几个途径积累自己的案例素材：

①咨询师自己工作实践中积累的案例。咨询师接触大量的客户，不同客户的行业背景、业务内容及要解决的财务问题各不相同，因此案例的种类会比较丰富。资深的财税咨询师从业年限久，基本上各方面的案例都接触过，因此案例库非常丰富。且自己经手的案例，我们会对所有的情况了然于胸，有一些细节也会很清晰，所有场景也都可以非常好地还原。因此学习财税咨询师处理过的项目是积累案例的首选途径。

在使用以前接触过的项目作为案例的时候，需要注意几个原则。首先是保密原则。我们知道，财税咨询服务有一个点是老板担心的，那就是信息的安全问题。所有的项目合作合同里面，一定有保密条款，第一条就是作为咨询师要承诺保守客户的秘密。即便你把这个项目当作案例去讲，也一样需要履行保密原则。客户的名称、具体细节这些是不可以透露的，需要做脱敏处理，留下一个通用性案例，这才可以用。其次是提炼原则。我们讲案例，目的是通过案例的讲解去阐述某一个知识或者某一个原理，如果只是原封不动地照搬案例，那这个内容讲出来一定是干巴巴的。就像写小说的人，他的小说来源于生活，不会紧紧围绕一个人、一个故事去讲，那样是很乏味的。他需要把很多人身上的故事进行融合，才会使故事的主角具有戏剧性，故事的情节跌宕起伏。我们的财税咨询课程也是一样，我们需要对案例进行提炼、升华，有时候也需要融合多个内容相近的案例，使得我们的案例讲起来更加生动、更贴合听众的体验。只有让听众有兴趣听、听得进去的案例才是成功的。

②上市公司公开信息中的案例。从上市公司的公开信息中收集案例，也是一个非常重要的渠道。我们知道，在我们国家，只有上市公司是需要披露重大信息的，其他未上市的企业，哪怕规模、体量大如华为，也没有太多公开信息可供使用。在上市公司披露的信息中，很多涉及财税的一些具体动作和交易信息，如企业重组、对外投资、接受投资、企业合并拆分、收购兼并等，这类信息是比较容易得到的。

在上市公司的案例中比较常用的有三类，第一类是重组类。上市公司的企业重组案例涉税信息往往比较复杂，因此上市公司的重组案例一般比较典型。第二类是稽查与处罚类。上市公司除了日常披露重大信息外，也需要披露负面处罚信息，这是对投资人负责的要求。所以如果上市公司受到政府的行政处罚，包括税务机关的处罚，就必须在披露信息中加以体现。这个可以作为我们的负面案例加以应用。第三类是股权交易类。股权交易也是上市公司必须披露的信息,也是极具典型性的案例,我们可以花时间把这类案例收集、整理出来,作为日常工具使用。

我们在日常工作中要留意这类案例,做好分析与积累。

③司法判例中的涉税案例。在财税领域,税法是比较有争议的内容。大多数财税案子走到最后一步其实就是诉讼。既有税务机关起诉企业的情况,也有企业起诉税务机关的情况,如果涉及涉税诉讼,一般就是争议问题。企业和税务机关各执一词,大家的理解有分歧,最后激化矛盾只能通过诉讼解决。可以说诉讼案件是我们学习税法理论,理解税务实操的一个非常好的途径。比较常见的如股权类诉讼、虚开发票类诉讼、逃税类诉讼,这三类诉讼案件比较多,我们能够通过公开途径找到。司法判例有专门的网站收集汇总此类数据和案例。

④公开发布文章中的案例。在收集这类案例之前,我们需要明确一个信息,就是现在我们所处的时代是自媒体时代。这意味着我们在网上看到的大部分东西都不是官方媒体发布的,而是自媒体发布的。自媒体发布的文章需要我们进行鉴别。不能否认,有些自媒体的专业水平非常高,它的信息比较精准,分析也更到位。但有一些媒体,它的内容就可能有问题,需要自行甄别。我们在使用自媒体案例的时候,要保证我们拿出来讲的信息有出处,也就是做到案例有据可依。

有了案例的积累,并不代表我们可以在需要用到某一个案例的时候能快速、准确地找到它。这个时候,就要求我们建立自己的案例库。案例库其实类似档案库,档案杂乱无章地堆放在一起信息很难得到有效利用。因此,我们要结合我们自有的知识体系,对案例打标签,从而做到分门别类地归置、整理。比如我们可以依据常用的案例类型,把我们的案例库分为股权架构类、股权转让类、稽查处罚类、税务纠纷类等。这个颗粒度越细，后面找案例的效率就越高。我们一直强调财税咨询师要重构自己的知识体系，其实案例整理也是知识重构的一种途径。

（2）课程案例的四大要求。一个好的案例，需要符合一些基本要求。简单来讲，有以下四大要求：

①契合主题：案例是为了论证某个论点，因此案例的内容要与你的观点一致。

②真实可靠：案例不是故事，不可以虚构内容，它必须是实实在在发生的事实，最好是实战案例。所以我们讲案例从哪里来的时候，把实务案例放在第一位。实务案例真实可靠，说服力强，再配合细节的延展与场景再现，能够很强烈地印证观点。

③典型深刻：案例要选取典型的，虽然大家平时没有深入了解典型案例但至少听说过，因此当你讲出来的时候大家一下就明白了。

④生动有趣：这要求因人而异，不同讲师的课堂风格不太一样，有的严谨，有的风趣幽默。虽然我们的案例不是故事，每一个都有对应的场景，且许多案例非常具有戏剧性，但若能把案例当作故事一样讲出来，效果无疑是更好的。这就要求我们要做场景还原，通过你的表述，让听众身临其境，这样才能顺着你讲故事的逻辑把有趣的点带出来。

（3）课程案例与案例教学。在案例的实际运用过程中，有许多不同维度的方法。例如，把案例部分的内容放在正常的课程里面，当作补充内容来讲。还有直接以案例为主线，延展相关内容进行讲授。这两种方式对案例的要求不太一样。

案例教学完全以案例为主线，比如训练营就是一个典型的案例教学。财务课程很多是针对训练营的模式，如针对老板的，有税务管控训练营、股权训练营、总裁培训班等；针对财务总监的，有风险管理训练营、财税体系搭建训练营等；针对财务人员的，有账务处理训练营、汇算清缴训练营等。在训练营课程中，不需要老师长篇大论，而是拿出一些经典案例，一个案例接着一个案例来讨论。

穿插的案例和完全的案例教学完全不一样，两者的差别主要有以下几点：

①复杂程度和要求不同。课程案例比较简单，不需要过于复杂的背景介绍，也不需要太详细的数据呈现，只要能佐证观点，分析结论即可。而案例教学相对比较复杂，首先它有个场景再现的过程，需要比较翔实的背景介绍，还需要加上详细的数据，有时候甚至需要对应的表格和资料准备。比如房地产训练营。大家都知道，房地产行业最大的一个问题是土地增值税。在土地增值税训练营里，我们一般会采用案例分析的方法，并且会拿出直接案例来计算，去阐述土地增值税清算如何操作，最后要给出一个结论来。那这里我们就需要有背景细节介绍、有完整的规划，还要有数据模型。

②学员的参与程度不同。课程案例基本上是老师讲，学员参与的程度比较低，有时候甚至他只需要听明白即可。案例教学则相反，主体参与者是学员，老师做点评和总结。学员通过在案例操作中去理解老师所讲的理论，掌握处理方法，从而指导实务。而课程案例则仅仅起到辅助论点的作用。这也是比较明显的差异。

（4）案例有两种讲授方法，一种是顺序法，另一种是倒叙法。

顺序法先有政策，再有问题和观点，最后再用案例加以印证。比如"讲职工福利费要不要缴个人所得税"这个课题。我们要讲政策，国家对此没有明确的政策，只有一些关于个人所得税较为笼统的政策。我们可以找税务总局来答疑，在答疑中，税务总局的回答很明确，它说"福利费中人人有份的非货币类的福利，可以不征税"。因为人人有份的福利意味着不可分割，那么这个福利就可以不征个税。像这种不是通过政策直接规定好，而是通过答疑的方式总结出来的是比较特殊的案例。因为每个人的理解不一样，按照这个答疑会造成不一样的操作方式。这里面的"非货币"好理解，"人人有份"就有点分歧。所以我们会举例子再说明，比如发月饼、旅游、聚餐这几个福利，我们知道旅游和聚餐这个是不用交个税的。这就是先讲政策，再提出问题，最后举例说明。

还有倒叙法。比如讲股权转让的时候，我们说平价转让是有风险的。这个时候我们通过对案例的具体情境、相关数据的说明来引入政策，再分析结果，并与案例结果相互印证。这是倒叙法的讲授方式。

4. 如何开场才能先声夺人

（1）讲课"三三三原则"。开场非常重要，好的开场对课堂的整体效果影响巨大，因此我们要关注开场的问题。

首先，我们讲培训课程中的一个重要原则——"三三三原则"。"三三三原则"是"三秒、三分和三个小时"的简称，就是三秒抓眼球，三分钟抓思路，三小时抓效果。作为讲师，开场亮相的三秒钟是非常重要的。开场亮相的三秒钟，大家会看到你的长相、你的笑容、你的仪容仪表，在这三秒钟之内，所有听众就在心里给你设定了第一印象。这个第一印象非常重要，但三秒钟的印象毕竟很粗浅。因此课程开场能不能成功不在于讲师长得帅不帅，而在于头三分钟，能不能开场到位。那接下来的三分钟，你的课能不能抓住大家的心、抓住大家的思路，这是整个培训成功的第一个重要的点。我们所说的开场其实就是指这个。没开口前的亮相只是第一印象，开口后的三分钟才是真正意义上的开场。三分钟讲得好，大家对你的课题有兴趣，才会继续往下认真听，你才能有机会用三个小时把后面的课程内容——延展、讲透，直至取得好的课程效果。因此，"三三三原则"

大致上就包含上面这些内容。

（2）开场的三大要点。

①课程开场六大必备要素。第一，我是谁。每个讲师上台前，都需要先做自我介绍。你冲上来就开始讲，大家都不知道你姓甚名谁，你是李老师还是王老师，给听众的感觉肯定就不好。因此，开场第一件事，就是自报家门，先做一个简短的自我介绍。篇幅不必太长，也不要自吹自擂。大部分情况下，这个工作是由主持人完成的。主持人开场前会介绍，今天邀请到谁来讲课，他的具体介绍如何。有时候也需要自己来讲，但这个自我介绍的信息必不可少。

第二，为什么要听我的课。这部分内容主要介绍我们本次课程主要分享或解决的是什么样的问题，阐述一些过往的相关经验。

第三，我讲的对大家有什么帮助。开场也会对希望本次课程达到的效果进行描述，能够达到的效果，实质上就是对大家的帮助。

第四，有什么东西能够证明我讲得好。这个证明不太好讲，但还是需要有些引子。比如大部分讲师的定位不是财税讲师，而是咨询师。而咨询师最核心的能力就是过往在财税领域的经验，因此可以把这部分内容提炼出来，分享给大家。经验来自实际项目，不同的人项目经验各不相同，讲这个部分就能体现差异。有咨询经验和没咨询经验的讲师完全不一样，大部分人喜欢有实战经验的讲师。

第五，我要讲什么。这是大部分人比较关注的内容，在开场环节，一般会把今天的课程安排、时长、核心要点简单介绍一遍，最后是否会设答疑环节也会作出说明。

第六，我对大家有什么要求。在课堂上老师是主场，需要对他的课堂提出一些要求。培训课程也一样，比如要求手机调静音、要点记录等。

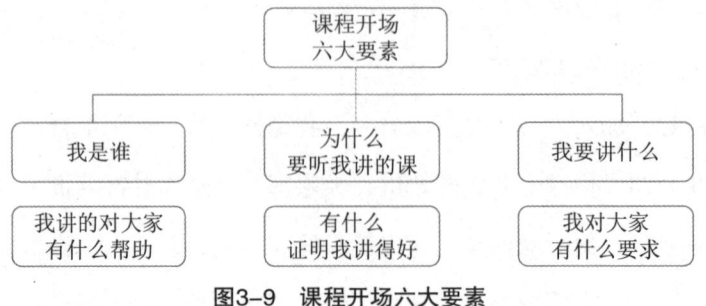

```
            课程开场
            六大要素
   ┌───────────┼───────────┐
  我是谁    为什么      我要讲什么
          要听我讲的课
 我讲的对大家  有什么      我对大家
 有什么帮助   证明我讲得好  有什么要求
```

图3-9　课程开场六大要素

②课程开场六种方法。第一，开门见山法，指直截了当地切入主题。这个方法不啰唆，主题清晰，是培训中比较常用的方法。

第二，故事引入法，顾名思义就是开场先讲个故事。因为人天然对一本正经地学知识有抗拒心理，大家更喜欢听故事。即便在严谨的财税学习过程中，我们也会经常穿插一些小的案例，这些案例通过故事的形式呈现出来就会更生动，更容易被吸收。讲故事跟小时候写作文一样，有一些特定格式。比如我们的故事就会包含五个要素，咨询中叫5H，就是在故事中交代时间、地点、人物、事件、原因五个要素。故事引入法会在三分钟之内迅速吸引客户的眼球，是一个比较好的开场方法。

第三，自我介绍法，就是由自我介绍引入主题。在主持人没有做开场介绍的情况下，就可以通过自我介绍开场。从个人介绍、公司介绍、公司愿景与定位、个人从业经验、业务成就等信息入手，最后切入本次课程的主题。

第四，问题引导法，即先找问题，后带主题。问问题实质上就是找痛点，我们知道每个人，不管是老板、财务高管还是财务人员都会在日常工作中遇到一些问题，如果没有方法解决这些问题，就会变成他们的痛点。因此应用问题引导法时，我们就先把问题摆出来。比如"股权设计中有三个问题最为关键，第一个问题，谁来做股东；第二个问题，如何评价各个股东的贡献度；第三个问题，股权比例最终如何设置，我们今天就要解决这三个问题"。这就是采用问题引导法的开场。大家听到你讲这个马上就会有兴趣,这几个问题一直是困扰我的痛点,我恰好也想知道,于是就带着问题往下听,效果一般比较好。

第五,呈现数据法,即用数据开篇点题。数据是很有力量的,尤其是在财务领域,大家都关注数据,用数据说话最能说服财务人员。但是数据得是恰当的数据,普通的数据一般不会用来开场,通常是用一些有反差的数据、与常识相违背的数据、超出想象的数据。比如"2022 年第二季度中国 GDP 增速 8%,个税增速 20%",大家一看这数据反差这么大,是什么原因造成的,大家开始就有兴趣往下听了。

第六,引经据典法,即引用名人名言。类似小学时老师经常让我们记录名人名言。这个方法也可以用到培训中。比如彼得·德鲁克的话,"企业家就是做正确事情的人,而管理者就是把事情做正确的人",这句话是说企业家做的是战略决策的工作,他决定方向,选择道路,而管理者做的是战略落地的工作,他研究如何在既定战略下高效完成任务。名人名言放在开场能够代表我们对这些问题的整体思路、看法以及价值观,有些经典的名言可以很好地带动大家的情绪。在培训课程中使用引经据典法开场往往能收到不错的效果。

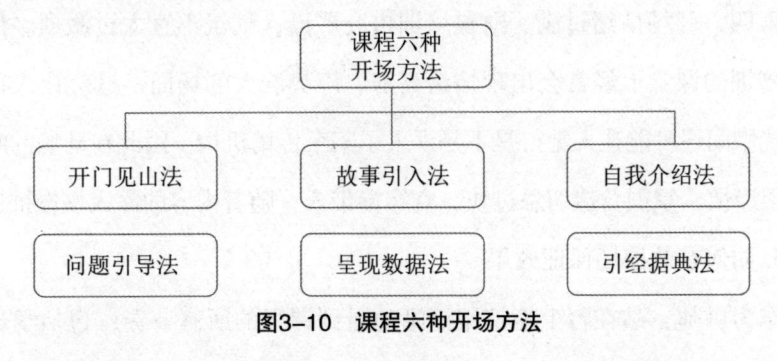

图3-10 课程六种开场方法

③开场的四大禁忌。第一,开场没完没了。前面我们讲开场"三三三

原则"，三分钟决定开场的成败，所以开场三分钟很重要。人的注意力、耐心都非常有限，如果三分钟内你无法吸引听众的注意力，再给你更多的三分钟情况依旧不会有所改善，甚至会越来越糟。所以开场一定要锻炼自己一分钟表达观点的能力，在一分钟内抓住对方的关注点，把开场的三分钟讲好。因此这里切忌啰唆，长篇大论。比如已经过去十分钟了，你还在扯闲篇，离进入主题还差十万八千里，大家就会听烦了。

第二，无意义示弱。有些人开场时过于谦虚。真正有实力的人，比如名人、大师级人物，谦虚两句就算了，但如果一个讲师在讲台上说一堆谦虚的话就太过了。这会让听众以为你水平不行，从而怀疑你讲的内容。因此示弱要很小心，有一些话是不能讲的。比如开场说"我很紧张，请大家谅解""诸位都是专家，我就简单说说"之类的话，这些话讲出来并不能达到你的目的，因为大家花钱不是来谅解你的，如果你不是专家，那就没有上台来讲的必要了。所以开场一定要充满自信，不卑不亢，切忌无意义地示弱。

第三，过分自夸。真正能够深入人心的夸奖一般都来自别人口中，自己夸自己就变成自夸、自大。这点在一些成功学的培训课堂上比较多见，讲师把自己的头衔列出来，原本是为了佐证自己很专业，但太过了反而会引起别人的反感。所以在开场介绍的时候应该遵循简洁、客观的原则。

第四，开场情绪过满。财税培训讲究严谨，气氛不宜太过激烈。像成功学培训的课堂上经常会出现情绪高涨、声势浩大的场面，这会让人很尴尬，恍惚间还可能让人觉得是不是误入了某个传销机构。因此在开场的时候也要很谨慎，氛围营造切忌过快，宜缓慢带入，随着内容的深入慢慢推进。

5. 如何有效控场保证效果

作为讲师，站在台上能够很清晰地看到课程的所有节奏，包括学员的状态、课程内容的反馈，那如何让你的课程得到学员较好的反馈呢？其中重要的因素就是控场。控场通常包括两个方面，一方面是维持学员的注意力，这个最重要；另一方面是带动学员互动。

（1）保持学员注意力。下面这幅图是心理学家研究出来的，叫注意力曲线。横轴是时间，表示学习时间的长短；纵轴是注意力的集中程度。心理学研究发现，人的注意力跟学习的时长有正相关关系。在一个学习周期内，前半段时间注意力是逐渐上升的，这个时间一般是5分钟左右。也就是我们前面讲完3分钟开场后，注意力大幅度上升。10分钟左右，注意力渐渐达到顶峰后开始下降，然后又回到最初的状态。在一个内容学习过程中，注意力会大致按照这个周期变化，这就是人的心理规律。那我们发现，整个培训过程中，要保持学员注意力高度集中是很难的事情，讲课的人辛苦，听课的人也很辛苦。所以我们要根据大脑的习惯来进行课程设置。如果在学员注意力下降到低谷的时候，你不做干预，培训效果就会大打折扣。我们需要通过一些方法和手段，在学员注意力分散的时候，重新把他们的注意力拉回到课堂上来，同时我们也要注意，学员注意力周期性下滑是符合注意力曲线的。我们在控场环节，就要设置在学员注意力下滑到一定程度的时候，适当给予刺激，让学员的整体注意力保持在相对较高的位置，这样才能保证讲课有好的效果。

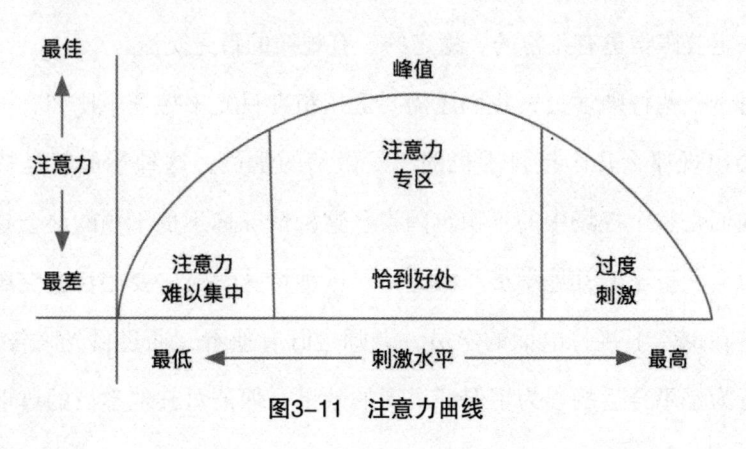

图3-11 注意力曲线

在实际讲课的过程中，有四种常用的方法来控场。

①目光控场。目光控场是指讲师与学员要有目光交流。这种目光交流不是盯着某一个人看，而是要时刻关注学员，通过学员的反馈来定期进行目光交流。

每一堂课的学员都比较多，作为讲师，要无差别对待所有学员。要做到无差别对待，目光交流可以用两种方式进行。第一种就是比较虚的目光。就是这个目光只是扫视过去，目光所及之处，学员可能觉得我在看你，但其实讲师心里没有看见任何人。这个时候目光的焦距是虚的，但在座的每个人都会觉得讲师是在跟他交流。这个方法比较常用。第二种就是比较实的目光。这个时候我们要将台下的学员进行分区，比如以舞台为中心分成左中右、前中后，每个区域找一个人，轮流交流。因为人跟人交流的时候会注意对方的眼神，通过眼神的交流就可以使人集中注意力。

在使用目光控场时，有几种情况需要注意。第一种叫抬头型老师。抬头型老师就是一直抬头看天，不看学员，讲了很多内容，但就是不跟底下的学员有任何表情或者眼神的交流。这种类型的老师，一般课场气氛比较差，学员容易走神。还有一种叫低头型老师，就是老师讲课只看题，不敢看人，这种老师一般不够自信。但不管是抬头型还是低头型老师都不太好。一定要跟学员有正常的、稳定的、有规律的目光交流。

对于一些特殊学员，我们还需要运用精准目光来控场。比如有些课堂上总会出现那么几个接打手机的、发微信的学员，这种学员就是特殊学员，他们是整个控场中的不稳定因素。这种情况你不加干预的话会越演越烈，也会严重影响其他学员。因此针对这种特殊学员，要用目光控场。比如有些在课堂上接打电话的学员，老师会盯着他看，通过目光来告诉他，这个行为是不合适的。为了保证讲课的效果，保证对其他学员的尊重，这种干预是必要的。

②声音控场。首先是语调不要平铺直叙。刚才我们已经讲了，人的注意力是有周期的，不管讲什么，都是一个调调，这样对听众完全没有任何刺激，没有高潮，也没有低谷，让人听得昏昏欲睡。所以千万不要平铺直叙，要注意通过语调来控制节奏。有些突出的重点内容，我们讲课的调就可以高一点儿，有些就可以低一点儿，这样学员在听课的时候，就会跟着你的语调变化，忽而高忽而低，跟着你的节奏走。当你讲到重点的时候，他就把耳朵竖起来听了。很多刚刚讲课的老师容易出现这方面的问题。

其次是语速过快或过慢。每个人讲话的语速不一样，有些人快，有些人慢。如果整堂课语速都非常快，那听的人很容易累。因为他要跟上你的速度，脑子必须转得很快，保持这种高速运转，他最后就跟不上了，听一会儿就很疲倦。如果你语速太慢，就跟老牛拉磨一样，慢慢悠悠，学员听得索然无味，那也不行。因此需要尽量控制课堂上的语速。既要让大家听清楚老师讲的内容，又要留一些时间给大家思考。

最后是要灵活掌握声音高低控制与语速快慢控制。这个需要我们在讲课的时候稍加留意，哪些地方语调高，哪些地方语调低，哪些地方需要加快速度讲，哪些地方要放慢速度仔细讲，这个要通过反复训练来实现。有时候我们可以通过声音来控制，比如有时候老师站在台上，保持安静、不说话，也是一种控制方法。这种方法在课堂混乱、嘈杂的时候比较有效。

③动作控场。动作控场本质上是身体语言的应用。站着讲课和坐着讲课，两个讲课姿势之间有较大的差异。首先站着和坐着的高度不一样，气场也不一样。其次站着的动作更丰富，有时候也可以有一些走来走去的动作，这样对大家也会有影响。

动作控制包含较多的元素，比如情绪的变化、声音声调的变化、表情的变化，这些都会对课堂产生影响。像眼神虚实目光聚焦。表情可以传达肯定、赞赏、信心及感谢，我们需要用表情管理来传达对不同事情的态度。还有手势，分为四种，即情感手势、指示手势、象形手势、象征手势。再有一个是移动控场，就是老师讲课时所站的地方，也会有变化。实际讲课过程中，我们会在台上走来走去，但不能挡住屏幕，也不能背对学员，除非写字。且在移动的时候，要注意走位舒缓，不要跑跳，也不要显得太急切，要兼顾学员。

④内容控制。前面我们在讲心理学曲线的时候提到过，15分钟是一个周期，因此每过15分钟，需要有一次内容的切换或者案例的穿插。要随时关注学员的反应，如果学员明显已经开始走神，显得疲倦了，这个时候就需要休息了。要么就是学员对所讲部分的内容不太感兴趣，需要做内容调整。要么讲一个故事，要么讲一个小桥段，以此来把学员的注意力重新拉回到课堂上。

（2）带领学员互动。在我们培训讲课的时候，除了要保持大家的注意力，还希望讲课的过程不是一个单方面的输出，而是有一些互动。要做好互动控场，有四种方法可以借鉴。

①有意识的组织讨论。讨论是最好的互动，讨论涉及分组、案例设计，有时候讨论也是有要求和标准的，这样就需要建一个讨论的体系来组织大家进行交流沟通。在组织讨论时，需要注意三个问题，首先，是否要分组，分组太少讨论不起来，分组太多讨论的场面容易陷入混乱。一般情况下，每个小组最多不要超过10个人，6—8个人比较合适。其次，讨论时课堂如何设置，通常情况下，讨论的课题与学习的课题不太一样。讨论的课题一般会基于场景和案例展开，需要把场景信息给大家带到位，这样讨论才有代入感，讨论才会比较深入和透彻。最后，讨论结束，如何组织

发言。讨论结束后有小组的代表发言，还有讲师最后的总结发言。

②有意识地让学员举手。有时候讨论和训练的安排不太适用，这种情况下，需要采用一些变通的方式来实现控场。比如让学员举手就是一种互动方式。举手的好处，首先是注意力的聚焦，其次是参与感聚焦。有意识地让学员举手也有一些设计的思路在里面。比如在什么样的场景下设置什么样的问题来让大家举手，就有很多值得注意的。比如在讲金税三期风险数据的时候，我们讲到大数据监管。我们可以问，最近这一个月收到税务机关风险提示的企业请举手。这个问题非常常见，可预见的是很多企业都会收到提示。这样台下就会有很多人举手，整个互动场面就会比较热烈，即使有些人不喜欢举手，也会比较感兴趣，这样课堂的气氛就很好了。所以有意识的举手既是注意力的聚焦，也是参与感的聚焦。

③有意识地提问，并安排学员回答问题。举手是行动参与，不需要语言，而回答问题就需要更多内容的参与。提问可以是笼统的无目标的提问，也可以是有针对性的提问。笼统的提问主要就是看看大家的看法、观点，比如询问学员遇到某种税务问题的时候是如何处理的，这个就属于笼统的问题。这类问题一般讨论得较浅，以带动课堂氛围为主。有针对性的提问就会讲得比较深入，沟通的篇幅也会更长。提出的问题也可以分为开放性问题和封闭性问题。封闭性问题很简单，就是是与否、对与错之间的回答。开放性的问题较庞杂，回答也因人而异，有时候容易将话题带偏。因此封闭性问题用得更多。在讲课的时候，我们可以尝试设置引导性语言来互动，比如对不对/是不是/好不好这类简单问题，有时也可以问这件事情大家怎么看/大家是否同意这种处理方法等问题。总之，提问题的目的都是使学员保持注意力集中，能够有参与意识。

6. 如何收尾效果才会好

（1）峰终定律。峰终定律由2002年诺贝尔经济学奖获得者、心理学家丹尼尔·卡尼曼提出。他基于人类潜意识总结体验的特点：用户对一项事物的体验之后，所能记住的就只是在峰（高峰）与终（结束）时的体验，过程中好与不好体验的比重、体验时间的长短，对记忆的影响不大。

峰终定律及其应用研究启示我们，比起较为平均的、全流程式的顾客体验管理方式，将有限资源重点投放于顾客接触之峰点与终点的体验管理，可以利用更少的或者相同的资源实现更高的服务效能，从而从整体上优化顾客体验。这一规律的发现，为经济研究、企业管理、政府决策打开了一扇窗户，由此形成了许多极具震撼力及影响力的服务模式。

峰终定律对财税咨询领域的影响同样重大。它告诉我们，如果把财税培训课程当作一个完整的体验来看的话，学员对你讲课水平的高低评价、对课程的整体满意程度，取决于你课程中最精彩的部分及你的结尾。因此，如何做好课程的收尾，是我们在讲好一堂课中不可回避的点。

（2）讲课结束应如何收尾。作为一个好的财税咨询师，如何设计课程的结尾才能让客户印象深刻，提升整体满意度，我们认为有以下五种方法可供参考：

①总结法。总结法就是对整个课程内容进行总结、提炼升华。一般课程总结会侧重这三个点：重申主题、重述课程框架构成、重述核心观点。有时候我们也会根据这几个要点，做一个思维导图放在最后。目的是让大家通过总结的思维导图来回顾整个课程当中的内容，帮助学员重新整理思路，加深印象。总结法收尾是比较常见也相对普通的一种办法，当然这个效果也是不错的。

②激励法。这里的激励法你可以理解为祝福或祝愿。比如我们讲财务

总监必备的基本技能，课程内容讲完后，我们一般会鼓励大家，希望大家通过课程的学习，掌握这几个方法，把财务工作做好。另外，我们也可以运用名人名言来激励大家。企业财务人员我们都知道，最担心的是风险问题，决策的时候考虑太多，这是由财务工作岗位决定的。但作为财务人员在一些关键的时候也还是需要有一些决断的，比如是否要按照当前财务服务领域的趋势，突破舒适圈，由财务人员向财税咨询人员转型。这个时候，我们可以用一句话来激励大家：种一棵树，最好的时间是十年前，其次是现在。那大家听到这句话的时候，就会明白，十年前已经过去，今天才是最重要的。今天不作决定，明年还是原样，不会有任何进步和改变。因此，根据课程的内容及对象的不同，也是可以采用激励法结尾的。

③悬念法。悬念法主要是通过设置悬念，为下场课程储备吸引力。比如有一些本次课程上未解决的问题，放到下一场课程当中去讲解，或者抛出一个有吸引力的话题，给大家先思考，也叫留悬念。悬念可以设置在中场休息的时候，也可以设置在整场课程结束的时候。比如财税课程经常用布置作业的方法来设置悬念，让大家思考如何解答问题，这样下次讲课的时候，学员就可以拿着答案来听课。这种方法通常也比较有效。

④行动落地法。这个方法主要用于课后，告诉大家回去后在实务操作中如何去做。因为财税课程大多数是应用型课程，是要解决实际问题的，因此课程发挥作用的方式就是回去之后按课程所学的内容照做。所以讲师也会在课程结束的时候，给大家一个建议，以后面对同样问题的时候要做几件事，第一件做什么，第二件做什么，这样学员就会觉得课程非常落地。举个例子，比如我们讲"税收风险检测与应对方案培训课程"，我们在课程结尾，可以给一个检测风险的工具，如风险自评表或者风险检测清单，把常见的风险列清楚，企业拿回去可以自行对照，通过自测来排查

企业存在的财税风险，这个用起来就很方便。像财务数据梳理清单、证据链梳理清单这些都是可以通过工具的方式给到学员直接用起来的。有了这套工具之后，就相当于再次强化了课程内容，也让学员更加方便地学以致用，这样就形成了一个课程闭环，课程整体的完整度、满意度就提升了。

⑤问题交流法。大部分的课程都是面向应用的，所以收尾的时候设置答疑环节很有必要。有时候答疑环节也可以理解为收尾环节。这个办法需要我们课前准备一些问题，现场也可以有针对性地灵活提问。当然使用问题交流法对讲师的要求比较高，很考验老师的专业知识、实战能力与应急反应能力。

课程收尾很重要，我们也介绍了收尾的五种方法，每个方法侧重点不一样，但都是通用的。有时候用总结法就可以，有时候也可以使用总结法+激励法，或者总结法+行动落地法，这需要讲师在掌握每种方法的同时，加以灵活应用。

7. 如何缓解紧张情绪

根据大多数研究者的研究，人类第一害怕的是当众讲话，第二害怕的才是死亡。

面对公众演讲，每个人都会紧张。一紧张声音就会颤抖，逻辑就会混乱，原来准备好的内容也发挥不出来。但我们要承认紧张是正常的，即便是演讲大师也会紧张，这是人正常的生理反应，关键是我们如何有效地缓解紧张情绪。在讲课失败的案例中，首要原因就是紧张，因此缓解紧张的情绪是每个讲师必备的技能。

（1）紧张的七个原因。

①自卑心理作祟：主要是不自信造成的紧张，担心别人发现我能力不行或者资历不够。

②事前准备不足：准备不足的时候容易紧张，事先准备很久的发言与临时被叫起来的发言这两者之间的情绪是完全不一样的。

③自我期望过高：对自己要求太高，不容许自己出现任何错误，担心这个担心那个，就容易陷入紧张的情绪。

④过于在乎他人：如果听众当中有特别在乎或者特别重要的人，他对你讲课的评价会对你造成比较重要的影响，这个时候你就会过度关注这个人对你的反馈，从而造成紧张。

⑤曾经经历失败：讲课人如果有过失败的讲课经历，且造成了心理阴影，就会使他在演讲的时候担心重蹈覆辙，造成紧张情绪。

⑥学员熟悉程度：如果学员是熟悉的人可能彼此了解程度比较深，相互熟悉交流方式及反馈，不容易引发紧张情绪。反之，如果面对的都是陌生人，则容易引发紧张情绪。

⑦学员人数多寡：人越多越紧张。50人的课场和300人的课场有很大的差别，300人的课场与1000人的课场又完全不同，人越多需要的能量场越大，也越容易给讲师造成压迫感。

（2）克服紧张的五种方法。

①自我鼓励法：也就是心理暗示，如果陷入自我怀疑的过程，不利于缓解紧张。这个时候需要做一些积极的心理暗示，在心里给自己鼓励加油，告诉自己一定行，慢慢地紧张情绪就可以得到缓解。

②情绪调节法：人一紧张就心跳加快，动作不协调，继而大脑一片空白，这些会使课程无法顺利进行。有时候讲师在课前受到一些干扰，有一些情绪影响也会导致紧张。这个时候我们可以做深呼吸，找一个舒缓的环境，能开阔视野的地方，做慢而长的深呼吸，就会有效果。这个方法主要是通过生理控制来达到放松情绪、缓解紧张的目的。

③要点记忆法：之前我们讲写文章、讲课最重要的是要有逻辑。在紧张的情况下，如果能够顺畅地把内容讲出来，整体结果也是能够把控住的。因此在课前准备的时候，一定要抓住核心要点，通过纸笔的记忆，或者借助手机备忘录的功能，把课程内容的要点记下来。这样讲的时候就不至于乱，整体节奏把控得住，自信心就会恢复，紧张情绪也会慢慢消除。针对一些较大的课程，要点比较多，使用简易方法不能保证记牢主要内容，就可以借助PPT来梳理框架。把内容要点列出来，在讲的过程中可以提示你每个点的主旨，这样也可以起到整体把控的作用。财税咨询的课很多是需要讲两三天的大课，这时，PPT这个工具就显得很重要了。

④试讲练习法：对于没有上过讲台的人，或者初次讲课的人，做模拟演讲非常必要。演讲是必须通过锻炼才能具备的技能，没有天生会演讲的人。所以我们要通过练习来强化我们演讲的技巧，熟悉并缓解紧张的情绪。有时候我们会做一些实录，讲完后自己对照录音找问题，再加以改进。针对肢体语言的练习我们可以借助镜子进行，比如练习眼神、表情、动作等。让自己在台上的时候自信、自洽，这也是克服紧张情绪的有效途径。

⑤超量准备法：这个主要是指准备丰富的课程内容来应对紧张。大部分的紧张情绪来源于准备不充分，通过准备超过标准的内容来应对是比较好的方法。比如一个小时的课程，我们准备一个半小时的内容，这样心里就会比较踏实。相对来说，这个方法是较容易做到的。

第六节 高效管理咨询团队

财税咨询师通常都是以团队形式开展工作，财税咨询师本人则以团队管理者的角色在整个咨询项目中发挥作用。如何高效管理你的咨询团队，对咨询项目的成功与否关系重大。作为团队管理者，需要围绕项目目标，打造一个高效运作的团队。

一、高效团队的五大要素

1. 团队信任

信任是一个团队的基础。如果管理者能够在团队内部建立起坚实的信任基础，那么管理者的管理成本就会大大降低。相应地，如果团队没有很好的信任基础，管理者的管理成本就会大大增加。在建立团队信任的过程中，管理者起到了非常关键的作用。作为管理者，要想与团队建立信任，要注意把握以下三个方面：

（1）行言一致。请注意是"行言一致"，这里把"行"放在了"言"的前面。管理者能否行言一致，是团队成员所看重的。如果管理者自己都不能行言一致，那么团队成员就不会相信管理者的所言所行。而且在大多数情况下，团队成员更关注管理者的行为。

（2）共赢思维。管理者能否为团队考虑，把整个团队的共赢作为重要目标，决定了团队成员是否愿意为整个团队付出努力。

（3）公开透明。管理者在管理团队的过程中，应该采用公开透明的方式，整个团队都应该采用公开透明的方式进行互动，这样才能在团队中建立信任。信息和沟通不透明、不公开，很多时候只会引来大家的猜忌，而不是信任。

2. 目标明确

一个团队没有了目标，团队人员就像一群无头苍蝇，很难体现他们在组织中的价值。所以，管理者一定要在带领团队的过程中坚持以目标为导向。在制定目标的过程中，管理者要注意三点：

（1）目标符合 SMART 原则。管理者按照 SMART 原则来为团队制定目标，可以让团队成员对目标有一个清晰的认识，以便后期执行。

（2）挖掘目标背后的意义，这一点往往是很多管理者所忽略的。

量化目标有诸多好处，但团队成员如果只是为一堆数字而工作，大家的动力很可能不足。因为人往往不会因冷冰冰的数字而产生动力，但如果意识到了数字背后代表的意义，往往能产生为了意义而努力的动力。

（3）目标取得团队共识。只有整个团队都对要达到的目标达成了共识，整个团队才能在后期执行的过程中更加主动。能不能达成共识，在很大程度上，跟目标有没有意义有很大关系。

3. 流程清晰

管理流程能够保证管理者做出恰当的决策，同时保证整个团队能够按照高效的方式运转起来。如果整个流程能够不断地优化，那么团队可以通过流程实现整体的提升。

这时可以通过著名的 PDCA 方式来把握流程的关键点：在利用 PDCA

进行流程管理的过程中，可以结合迈克尔·哈默的流程再造理念来不断优化流程，即增加流程中的增值环节，减少流程中的非增值环节。而且流程优化不是管理者一个人的事情，而是整个团队的事情。因为团队成员身处流程中，往往最清楚流程的问题所在，通过发动团队的力量，才能真正优化流程，做好流程管理。

4. 共同承诺

团队的共同承诺对于目标的达成、流程的优化都至关重要。但是，让团队愿意承诺却不是一件容易的事情。作为管理者，需要抓好四个环节，让整个团队愿意承诺。

（1）营造"勇于承担"的团队文化。团队文化会影响每一个团队成员的行为方式。作为管理者，如果平时注意营造"勇于承担"的团队文化，让大家接受这种团队文化，那么管理者在给员工安排工作时，团队文化就会起作用，对于工作安排团队成员的接受度就会更高。

（2）注重前期的铺垫与沟通。对于重要的工作任务，如果管理者搞"突然袭击"，这样很可能让员工一时难以接受，从而产生抵触情绪，导致大家都不愿意接受。所以，对于重要工作，管理者需要提前在团队中做好铺垫，让大家有一定的心理准备，这样在安排工作任务时，大家的接受度就会更高。

（3）充分沟通任务的意义和资源。当与团队讨论重要工作任务的安排时，管理者要跟团队成员充分沟通任务的意义和资源，而且要注意这两点的沟通顺序：先沟通任务的意义，再沟通完成任务的资源。

（4）及时跟踪任务进度和做好激励工作。对于重要的工作任务，管理者要给予关注，一方面这会让团队成员心里比较踏实，另一方面防止项目遇到困难无法及时解决而延误。管理者跟进项目时，可以通过定期开例会或关注项目里程碑节点的方式。当项目完成时，管理者也要对完成任务的团队或成员及时给予激励，带领团队一起庆祝。一方面可以让员工明白自己工作的意义，另一方面这也是营造"勇于承担"的团队文化的重要方法。促使员工愿意接受工作任务，管理者需对以上四个方面全面关注和运用。

5. 顺畅沟通

沟通就如同团队的血液，贯穿于前面的四个要素当中，极其重要。团队能否高效沟通，关键看以下三个方面：

（1）有话愿说。团队成员是否有话愿意说，体现了成员是否觉得团队氛围安全，而且这也是管理者了解一线情况的关键前提。如果团队成员什么都不愿意说，那么管理者就无法收集到有效的信息而做出正确决策。当决策方向出现错误时，后期执行的效果也不好。

（2）有话直说。有话直说，是指团队的沟通效率很高，很多事情不用兜圈子，很快就能谈到问题的核心点。这一点与团队的信任度有很大的关系，如果信任度高，往往比较容易有话直说。有话直说，能够提高团队面对问题和解决问题的速度，因为大家可以省去在问题的外围兜圈子的无效时间，直接进入核心问题展开沟通、解决问题。

（3）有话好好说。是指团队成员有好的沟通技巧，既能把问题说清楚，又不伤害彼此的关系。有话好好说是需要训练的，并不是所有人一开始都能做到的，所以管理者要给团队提供一定的沟通技巧培训来帮助团队成员掌握这一技能。

二、财税咨询师如何高效管理咨询团队

1. 设定项目目标

每个财税咨询项目都是围绕具体目标执行的,因此管理者在项目初期应当向每个团队成员传达清晰的项目目标,并细化各重要节点,使团队成员对项目的目标与方向有一致的了解。此外,管理者一定要在带领团队的过程中坚持以目标为导向。在制定目标的过程中,管理者要注意以下三点:

(1) 按照 SMART 原则拆解项目总目标。管理者应按照 SMART 原则来拆解财税咨询总目标,从而为团队制定更加清晰、可测量的目标,以便后期执行。

(2) 拆解细化阶段性目标。团队成员对总目标达成一致,同时又有阶段性目标作为大家工作的指引有诸多的好处。尤其是在较大的咨询项目中,服务周期长,阶段性地拆分各环节任务目标可使团队成员的工作任务更具有逻辑层次,有利于逐步推进工作。

(3) 目标取得团队共识。只有团队成员都对目标达成了共识,整个团队才能在后期执行的过程中更加主动。能不能形成共识,在很大程度上跟目标有没有意义有很大关系。

2. 明确分工

分工明确,这是每个团队一定要做的。每个人都有惰性,"一个和尚有水喝,两个和尚挑水喝,三个和尚没水喝"的道理大家都懂,一件简单的事越多的人去做反而越做不好,因为每个人都会去依赖其他人,抱着

"反正他会做"的心理，如果内部成员都是这样的想法，这个团队就不可能顺利完成项目交付。

当与团队讨论重要工作任务的安排时，管理者要跟团队成员充分沟通任务的意义和资源，而且要注意这两点的沟通顺序：先沟通任务的意义，再沟通完成任务的资源。

在任务分工上，团队管理者要充分发挥员工的特长，让员工对工作产生兴趣。员工热爱工作、对工作充满兴趣，士气就高，因此，团队的管理者应该根据员工的智力、能力、才能、兴趣以及技术特长来安排工作，把适当的人员安排在适当的位置上。

3. 合理分配利益

利益分配也需要合理、清晰。在一个团队中，如果出现能者多劳而不多得，就会使成员之间产生不公平感，在这种情况下也很难开展合作。要想有效推动合作，管理者必须制定一个被大家普遍认可的合作规范，采取公平的管理原则。每位员工进行工作都与利益有关——无论是物质的还是精神的，只有在公平、合理、同工同酬和论功行赏的情形下，团队成员的积极性才会提高，士气才会高昂。

财税咨询师的薪资结构一般包含基本工资和绩效工资，因此根据不同项目制定对应的分配机制十分重要。团队管理者需要制定合理的分配目标，让员工明白，不努力就会受到惩罚。

在布置某个任务的时候，要让员工自己承诺完成的时间，如果规定的时间没有完成要怎么办；完成了，领导也可以给一定的奖励，这样会让员工更加积极。

4. 及时为下属提供帮助

你的下属是为你工作，他们努力工作，获得成果，你会是最大的受益者。因此，你要尽可能帮助他们。

你需要观察和考虑以下几点：

（1）他们在工作上遇到哪些困难和阻碍？你怎么做可以帮助他们？

（2）如何激励他们？如赞扬，为他们争取福利，获得小成就时的奖励。

（3）他们在工作之外（如学习、生活和情感上）是否遇到困惑和低谷？

在遇到问题的时候，改变提出问题的方式，帮助成员提出 QBQ（问题背后的问题）的问题。比如："到底什么时候给我加薪？"改成"我这季度完成什么目标，才能让老板给我加薪？""为什么客户那么难说话？"改成"我怎么做，才能让这些难说话的客户对我们态度好一些？"

5. 消除分歧

成功的团队管理者总是力求通过合作消除分歧，达成共识，建立一种互融互信的领导模式。很多管理者热衷于竞争，嫉妒他人的业绩和才能，恐惧下属的成就超过自己，而事实上没有一个领导者会因为自己下属优秀而吃尽苦头。作为团队的管理者，要积极创造机会使团队成员不断增进相互间的了解，使大家融为一体。如组织大家集中接受培训、开展各种有益的文体娱乐活动、进行比赛或采取多种激励的活动等。通过活动，增进团队成员间的了解，消除分歧，从而为项目顺畅进行打下基础。

6. 建立顺畅的沟通环境

（1）透明。沟通首要原则是透明。在做组织内部沟通工作时，除了少数需要权衡、保密的信息外，大多数的沟通应尽可能让参与者周知。不透明可能导致：对企业目标的不清晰和不一致，对资源和条件的不了解，对团队成员努力的不知情，无视已经达到的阶段性成果，从而产生战略失焦，战术莽撞，成员误解，重复投入的问题。

（2）倾听。倾听是沟通的一部分。通过倾听来了解成员。想要成员讲述有价值的内容，需要学会问好问题。下面是7个好问题的提问模式：

①开启谈话的开放性问题：你对工作有什么看法？

②持续深挖的问题：还有什么吗？

③帮助聚焦的问题：在这里，你真正的挑战是什么？

④帮助找到根源的问题：你真正想要的是什么？

⑤提示让成员自主思考和承担的问题：这些事情哪些是需要我来帮你做的？

⑥促进战略思考的问题：如果我们选择做这个，那么你会选择放弃哪一个？

⑦促进学习的问题：今天你觉得什么最有用？

总之，团队的建设和发展是在团队成员共同合作完成目标的过程中，通过一件件事情磨合实现和发展起来的。在工作过程中建立团队的风格、形成匹配的方式、建立无间的信任，以及在此过程中掌握的与领导沟通的方式，对于管理者来说无比重要。

7. 及时跟踪任务进度并做好激励

对于财税咨询过程中的关键节点及重要的工作任务，管理者要给予关注，一方面这会让团队成员心里比较踏实，另一方面可以防止项目遇到困难无法及时地解决而延误。管理者跟进项目时，可以通过定期开例会或关注项目里程碑节点的方式进行。当项目完成时，管理者也要对完成任务的团队或成员及时给予激励，带领团队一起庆祝。一方面可以让员工感到自己努力的意义，另一方面这也是营造"勇于承担"的团队文化的重要方法。

第四章
财税咨询全流程详解

第一节　识别客户

一、定义财税咨询

财税服务不等于财税咨询，比如审计业务、代理记账业务、企业设立等，归属于财税服务。财税服务包括财税咨询，但其范围比财税咨询的含义要广。财税咨询的特点有：

（1）财税咨询针对问题解决，聚焦的是解决方案的提供。比如给企业提供一个汇算清缴的鉴证报告，这归属于鉴证范围，属于财税服务，但如果是要通过一个解决方案降低所得税风险，这就变成了财税咨询服务。

（2）财税咨询更多着眼未来，而不是过去。比如事务所给的审计报告，这是对过去发生的行为进行确认，因此它不属于咨询。虽然财税咨询有时候会包含一部分对过去历史遗留问题处理的内容，但更多的是针对未来如何规范的内容。

（3）财税咨询通常不是对单一环节简单粗暴地进行处理，而是一个综合方案。如企业财务优化咨询方案，其中可能涉及业务重构方案、企业顶层架构设计、会计核算标准、税务申报规则乃至证据链的取得等内容，只有涵盖体系化、综合内容的解决方案才能更好地解决财税咨询的问题。

（4）财税咨询不直接上手替代企业财务人员操作，而是协助他们操作。很多企业觉得如果请了第三方咨询机构，那么所有的东西都应该由咨询机构来做，这个想法是错误的。如果财税咨询机构既出方案，又落地方案，那么本质上就变成了财务外包或者财务托管，这样操作是有很大风险的。因此，财税咨询人员要与企业的财务人员剥离开来，找到自己的定位，才能合理合法合规地解决问题。

二、明确企业财税咨询服务的定位

1. 定位的必要性与内涵

客户在财税咨询领域的需求有三个：安全经营需求、税负优化需求及财务管理效率提升的需求。有时候客户可能只需要解决某一个问题，有时候也可能是多个综合问题需要解决。因此在做财税咨询之前，我们需要把握好客户的需求，了解客户需求之后，则需要对自身的定位做准确的认知。关于财税咨询师自身定位的思考，有以下几个问题可供参考：

（1）能否专注做某一个行业的财税咨询？

（2）能否专注做某一个区域的财税咨询？

（3）能否专注为某一领域的企业做财税咨询？

（4）能否只做国企的财税咨询？

（5）能否只做外企的财税咨询？

不同的客户需求存在差异，有些需求甚至是相互矛盾的，而咨询师不可能满足所有客户，因此想清楚自己的发展空间是前提。比如区域和区域之间的政策、背景会影响企业的发展，因而相应会产生与区域特性相适应的财税规则及共性问题，而行业与行业之间也存在共性，需要我们先想清楚自己的定位。作为一个新的咨询公司或者刚刚入行的财税咨询师，选定优势的行业及区域，就是认清自己的定位。

所谓定位，就是让品牌在顾客的心智阶梯中占据最有利的位置，使该品牌成为某个类别或某种特性的代表品牌。这样当顾客产生相关需求时，便会将该品牌作为首选，也就是说这个品牌占据了这个定位。

2. 做好定位的意义

（1）定位有利于集中资源做好一件事；

（2）定位有利于精准绘制客户画像，迅速找到客户；

（3）定位有利于占领客户心智，在这个狭窄的领域做到第一。

三、为企业客户精准画像

1. 客户的属性

客户是公司意味着业务模式是 To B，如果客户是个人，则业务模式是 To C。这里对应的付费主体有差异，财税咨询领域的客户一般是公司。

以个人为主体客户的服务具备决策短、单价低、消费频次低特征，而公司的决策机制一般较长，需要在定价、服务模式上有所差异。如考证类的培训一般针对个人，因此考证的服务客单价不能太高，且应该是面对个人的渠道。

2. 客户画像的界定

这里包括行业画像、所有制画像、地域画像、业务画像、规模画像、老板画像。比如企业不管是民企还是国企，他们的诉求是不一样的。比如，是聚焦全国客户还是本地客户，业务类型有哪些，规模的大小等也会影响企业的服务产品设置。如面向中小规模民营企业的服务一般客户规模在 3000 万元以上，经常购买财税咨询服务的企业一般都或多或少在财税问题上吃过亏。这些特征就构成了我们财税咨询企业的画像。

3. 客户在哪里

客户在哪里并非指客户的地址在哪里，而是我们的财税咨询服务如何有效触达和联系到客户。有五种常见的寻找客户的模式：

（1）原有客户转介绍和朋友介绍，像类似律师事务所就比较常用这种介绍方式。

（2）将原有客户升级或转化为咨询客户，代理记账公司初期只是面对小规模公司的小单价的合作，后续随着企业的发展，就会衍生出咨询的需求。

（3）自己重新设计初级产品，建立初级产品蓄水池。咨询的客单价比较高，开拓客户的难度大，因此若能通过设置初级产品来做一些简单的服务，建立信任后再转化为咨询服务的概率是会增加的。

（4）通过渠道平台寻找合适客户，如银行、行业协会、校友会等。

（5）通过抖音、头条、小红书、公众号传播寻找客户。自媒体时代，恰当使用社交工具也是有效的销售渠道。

4. 客户如何找到我们

让客户认同财税咨询企业，价值观和专业性是关键，因此想让客户找到我们的关键是提升对企业的认知。在财税咨询领域，提升客户认知的方式是价值输出，无论是文字输出还是视频输出，都可以提升客户的认知，这是一个长期积累的过程。

第二节 沟通需求

一、把握客户财税方面的真实需求

1. 了解客户需求的底层逻辑

从营销学的角度来看，客户的需求来源于两个方面，一方面是痛点决定的刚性需求，另一方面是兴奋点带来的非刚性需求。比如使企业的管理效率提升的解决方案，对企业而言是兴奋点。对企业来说，可能既有痛点也有兴奋点，但企业对痛点的感知更强烈，解决痛点的需求更迫切，因此对财税咨询而言，要优先满足客户的刚性需求。

企业的需求有三大类：安全的需求、税负优化的需求、效率提升的需求。安全是指通过财税咨询师的专业技术服务手段，能给客户带来安全感。比如我们给出的咨询方案，能够明确地告诉老板，这样做是安全的，一旦我们设计的方案落地，便可以消除过去的不安全因素，进行补救，使之从不安全变成安全。这是优先级更高的事情。在安全的基础上，企业的第二类需求——税负优化就提上议程。税负优化直白的表述即是不多交税，或者在符合法律规定的前提下，不交税。这个主要是由于税法规定的条款中有很多空间。最后我们会讲到效率的提升，比如企业内控机制的设立、预算体系的建立、整个管理体系的重塑乃至财务管理的信息化建设，这些都属于解决效率提升需求的操作。

2. 理解客户需求

（1）安全第一。安全指企业经营是否合规，是否违背税法要求，尤其是在税收政策越来越严格的情况下，企业对经营安全的关注度越来越重视。对安全问题的关注实质上是对风险的预判，例如，一定要按国法办事，哪些纳税行为是违法的，不能做，如果做，就会被税务机关稽查、处罚。对税务行为进行规范，以此规避风险，保障企业经营安全是企业首要关心的问题。

（2）税负优化。税收直接影响企业的经营利润，因此税收的优化变成企业的要点。如何合理合规地减少税负，有哪些方式可以实现税负优化，这些是企业关心的问题。

（3）财务管理效率提升。在企业的安全经营问题、税负优化问题都解决了的情况下，企业才会关注到如何通过财税咨询来提升管理的效率。比如通过企业内部财务管控，减少成本浪费、增加资金周转及使用效率等，这是企业的第三大需求。

在财税咨询领域，企业感知最深的，即企业老板感知最深的问题是税务问题。但税务问题往往会延展到企业的财务管理上，进而延伸到企业的管理、企业的经营行为、合同规范等问题上来。所以财税咨询不是一个单点的问题解决方案，它是通过某一个关注点切入，再延展到企业全盘运作的整体性工作。所以要求我们在关注客户的痛点、需求的时候，要做好优先级区分，先从税务问题入手，再搭建保障企业安全经营的财税体系，进而全盘提升企业财务管理效率。

3. 关注客户需求与业财融合

税务问题是企业当前的需求切入点，但税务问题不是单点问题，它要求我们做业务和财务的融合，即我们常说的业财融合。业财融合不仅是解决税务问题的需求，也是企业经营的需求，而且在当下，企业对业财融合的需求也越来越强。业财融合的要求是企业财务不但要懂财务，还要懂业务。因此财税咨询如果想解决企业税务问题，也是必须源于业务，从业务中发现问题，然后再回到业务中，帮助企业解决实际业务问题。要做到这一点，财税咨询师需注意收集以下几个信息：

（1）了解老板决策要点与战略规划。财务咨询师要懂业务，又要高于业务，需要在对业务有所了解的基础上再做经营分析，这里牵扯的内容就会比较多。它要求财税咨询师要了解老板的决策习惯、业务战略规划布局，只有了解老板对未来的业务规划，才能更顺畅地做好企业的咨询服务。

（2）了解企业商业模式与业务架构。企业的商业模式选择与老板的战略规划相匹配，因此财税咨询师在了解老板的战略规划之后，也要去了解企业的商业模式、业务架构情况，如股权架构、资产架构、资金架构等。有些企业商业模式可以，但如果把税务问题加入考量的话，你会发现企业一旦按照税法的要求搭建运营体系，利润就会变为负数，企业就会面临亏损。因此掌握企业的商业模式和业务架构是解决税务问题的要点之一。

（3）了解经营活动与产品。在了解商业模式后就需要去看企业的经营活动是如何开展的。商业模式代表盈利模式，经营活动则是商业模式的载体。财税咨询师必须了解企业的经营活动及产品情况，对企业所在行业和对应的财税要求做初级匹配。

（4）了解财务配比与利润。有了产品及经营活动等信息之后，我们还会去了解与经营活动相匹配的资产、资金情况。通过了解企业资产、经营方式、盈利模式，来评估企业盈利能力，这部分信息我们称为财务配比与利润类的信息。

（5）了解税务结果与风险。不同的商业模式、产品及经营活动对应不同的纳税要求，哪怕是同一个行业，不同的企业架构也会有不同的纳税要求。税的多少直接影响企业经营结果，因此在给企业做财税咨询的时候，税是需要整体考虑的因素。

4. 注重需求沟通对象

财税咨询属于 To B 业务，在面向 B 端也就是企业的时候，与能代表企业的客户谈需求才能真正把合作谈成。因此找准客户非常重要。在企业中，能对财税咨询进行决策的角色大致有以下几类：

（1）老板：老板是企业的决策者，但老板不一定懂财务，因此财务的角色很重要。

（2）高管：在一些企业中，老板的决策一般也会有高管参与，比如总经理或常务副总，因此也会与企业高管谈需求。

（3）财务：企业财务主要是辅助老板决策，提出专业意见的角色。

（4）第三方：有些情况下，老板的朋友或财务总监的朋友甚至有时候咨询公司也会介入财税咨询项目的谈判。

从实际情况来讲，我们当然要找说了算的人谈需求，这个人通常是企业的老板。他有两个特点：第一，老板是企业最关键的代表人，对于企业的问题，老板了解的信息是最前沿的，所以与老板谈需求，能获取最贴近企业真实情况的看法。但大多数情况下，老板不是企业的财务，所以老板和财务的组合是财税咨询项目中常见的客户需求沟通对象。高管又与老板的意见保持一致，因此还有一种情况是高管加财务的组合，可以理解为这两种都是决策者加专业人员的组合。第三种是财务和介绍人，如果是第三方比如咨询公司，一般会独立出现。

面对不同的组合，谈判也有许多需要注意的问题。比如在最理想的状态下，我们与老板和财务的组合谈判，第一次谈的时候，可能老板暂时不想出面，这种情况如何应对？我们首先要和财务做一下交流，但实质性的谈判一定要有老板参与。因为财务对风险、财税的认知，与老板的认知不一定相同，因为角度的差异，两者的看法甚至截然不同。但与财务沟通，可通过财务了解他对企业财税问题的客观看法。实质性的谈判，也就是通过谈判挖掘客户真实需求，必须与老板及财务沟通。有时候有一些家族公司，谈一些比较隐秘需求的时候，财务也可能不在场，直接与老板谈即可。针对老板加财务在场的谈判组合，有一个情况需要注意，就是如果谈判过程中只有一个第三方参加，不管这个第三方是介绍人还是咨询公司，他对谈判的影响都非常大，对这类项目基本不要抱太大希望。因为第三方不论是代表个人还是代表咨询企业，他都有自己的看法，与他谈的时候，他传递给你的都是他过滤过的信息，这可能导致他传递的信息是有问题的，我们就无法识别企业真正的需求。所以，如果面对单独第三方的沟通，我们一般就不用浪费时间。有时候也会出现单独与企业高管沟通的情况，但这种情况也几乎不能谈成项目。因为企业的财务最终掌控在老板的手中，而高管的信息是有限的，他优先关注的问题不一定代表老板。

在谈判对象的识别上，需要多加判断。不可因为心急就对谈判对象不加识别，这样是非常浪费时间的。从需求的角度来谈，结果就会比较明确。

5.识别真需求与假需求

有效需求识别矩阵。

表4-1　有效需求识别矩阵表

	购买能力强	购买能力弱
购买意愿强	成交概率大	考虑是否需要降价
购买意愿弱	考虑刺激需求	几乎不可能成交

从商业的角度来讲，有效的需求等于购买力乘购买意愿。在最理想的状态下，购买意愿和购买能力都强的客户成交概率最大。

购买意愿强，说明企业的痛点明显，所以急需寻找解决之法。在我们成交的客户中能够明显看到这个趋势，很多决定做财税咨询的客户，大多数是近期企业经营中遇到财税上的某个门槛，这个门槛如果不做财税咨询他可能过不去，或者可能会遭受重大损失，这种情况下，客户的购买意愿是最强的。购买能力其实就是指具备支付财税咨询费用的现金流，购买力与客户的财务状况、规模大小、经营好坏是相关联的。实际工作过程中，也会遇到很多需求很强，但购买能力弱最后无法成交的案例。

在客户购买意愿强，但购买力弱的情况下，我们是否直接放弃呢？也不尽然。如果我们了解客户付不出费用的真实原因，就能够判断是否要通过降价来挽回这类客户。当然也不是面对所有购买力弱的情况都需要通过降价来满足这个需求。重要的是要通过心理预期的判断去支持决策。有的客户支付能力是够的，但消费习惯使然，总觉得买什么都得多少降点儿价才符合心理预期，在这种情况下，稍微降价是有意义的。如果实在是无法支付的情况下，比如资金链断裂，那么降价是无意义的。

在客户购买力强，但购买意愿弱的情况下，这种客户觉得做不做咨询，没有意义，我们需要考虑动用什么手段来刺激需求。在面对这种客户的谈判时，要特别关注他的痛点，是否不够痛，如何让他感受更强烈的痛。我们通常会考虑做一个内部培训，因为谈判的时间大都比较短，而内部培训的时间长，能够支持财税咨询师完整、系统地表述观点，这样企业老板可能会发现自己的认知不足，然后重新评估问题的严重性。

最后一种是支付能力弱，购买需求也不强的客户。这种客户我们通常直接放弃，以免浪费时间。

所以在实务谈判中，购买意愿强、购买能力强的状况是最好的。购买意愿强、购买能力弱的状况排在第二位，购买力强但购买意愿弱的排在第三位。在项目谈判中，财税咨询师要重点了解客户的需求，从需求和支付能力两方面来判断成交概率。尤其是进入实质性谈判的过程中，我们通常会在报价阶段把项目费用提出来，一般能到报价阶段的客户需求都是没问题的，最后能不能成交则取决于支付能力。

真需求与假需求的判断，通常需要通过追问来识别。好的咨询师不仅要能解决问题，还要能提出问题，通过提问的方式，找到真实的问题。尤其是在挖掘客户需求、判定需求的过程中，正确提出问题很重要。我们列举了一些在财税咨询项目谈判中必须要问到的问题。

（1）你觉得公司（财税）哪里有问题？

很多情况下，企业自身是无法识别问题的，当老板觉得自己没问题的时候，他是不需要财税咨询的。跟病人去看病一样，得自己先发觉问题，再去找医生才能配合吃药、打针，最后才能治好病。如果一个人不觉得自己有问题，就不可能会去看医生。所以我们需要判断企业的真实需求，并让客户自己表示认同。

（2）你想要达到什么样的效果？

想达到的效果是需要沟通的，在做财税优化咨询的时候，很多老板会提出这样的要求：交税太多了，想节税。那我们就会追问，你为什么觉得交的税太多了？这样他会回答你，他的企业实际交税情况是什么，他的观点是什么。经过深入地沟通，你才能准确地识别老板想达到的效果。

（3）你认为怎样才叫安全？

对于安全，每个人有不同的认知，这与企业和老板自身的底线相关。作为财税咨询师也有自己的底线，违法的事情绝对不会因为客户的需求就去做，所以财税咨询要匹配老板的底线和财税咨询人员的底线。比如安全，有的老板认为不怕税务局查是安全的底线，有的容许有一些合规的瑕疵是底线，这个安全的界定是不同的。当对安全界定的沟通不到位时，就会出现财税咨询人员与老板对安全的理解不一致的情况，使得最后落地结果存在差异，造成项目满意度低的情况。

（4）安全与节税之间你更担心哪个？

这个问题需要通过反复追问来澄清，要挖掘老板内心深处的真实想法。在咨询实务中，有时候会发现老板心里想的和嘴上说的完全不一样。因此我们谈需求的时候，不光要看他们嘴上如何说，更重要的是要了解他们内心真实的想法，这个才是真需求。如果真需求沟通不到位，是成交不了的。即便成交了，最后我们交给客户的东西也会让他们失望，他们会认为咨询师的水平有问题，而口碑是咨询公司的生命线。口碑即是企业的品牌，如果口碑坏掉了，就无法在财税咨询行业生存下去。因此如何打造企业的口碑，归根结底还是要把握客户需求。

6.你无法满足客户所有需求

任何公司都不能试图满足所有的人，就如同医生没有办法医治好所有病人一样。因此对于财税咨询师来说，需要识别哪些需求无法满足。

（1）违法违规的需求不能做，如果财税咨询师帮企业做了此类项目，短期内可能解决了对方需求，但最终出事的话，大家都要受到处罚。

（2）超出服务范围（能力）的需求。解决需求要与企业自身定位相匹配。只有聚焦所有资源，集中在自己擅长的领域才能在该领域做出成绩，做出好口碑。有的公司宣称什么都做，代账、托管、咨询、审计都可以，这样客户对你的定位就变成了"万金油"。因此我们一定要做细分，找准定位。有了定位就会限定我们的能力仅在我们所处的领域内最优，超出这些领域的需求，我们是无法满足的。作为咨询师，要特别重视承诺，答应的事情，一定要做好，不能做到的，给再多的钱也不要随意答应。

（3）超出价格的需求。一个成熟的财税咨询师，他的报价也必然是成熟的，没有水分的。比如我们做一个咨询项目50万元，其中包括我们的业务设计、资产设计、现金流设计、顶层架构设计，这个是我们报价内一般会包含的工作项。当企业提出他们还有另一件事也需要我们做的时候，我们是否答应呢？如果额外工作项超出项目价格太多，要花很多精力去做，我们就不能答应，除非是事先说好的。如果客户不停地往项目里面加内容，到最后你会发现不仅加进来的没做好，原来的工作也做不好，这样就违背了服务的初心，最终客户不满意，我们心里也不痛快。

（4）逼着我们既当裁判员又当运动员的需求。在给企业做财税咨询时，要时刻谨记自己的身份。财税咨询师是给企业解决方案，同时帮助他们落地方案的人，但绝不是替代企业财务工作的人。有很多咨询师心地善良，给企业做咨询，做着做着就顺带地把其他的事一并做了，没有边界，最后变成了企业的财务总监。这种情况是非常糟糕的。特别是做账，如果最后出问题了，老板追究起来，财务人员就会把问题推到财税咨询师身上。

二、匹配与需求相对应的咨询服务

在谈单的过程中，最后所有的需求都要落到我们的产品上，可能有时候是标准化的产品，有时候是非标准化的产品。如何把客户的需求与落地的产品或服务相衔接，这是考验财税咨询师的关键环节。需求衔接得好才能成交，衔接得不好，不仅成交困难，哪怕最后成交了的项目，交付也存在问题。客户想要 A，你给的是 B，这是要出问题的。但我们财税咨询师日常遇到的问题非常多，常见的有以下几个：

（1）能不能少交税？

（2）公司过去的账务混乱，有什么办法规范？

（3）原来的核心财务人员离职，他们经手的工作是否有问题？

（4）原有两套账，现在怎样合并为一套账？

（5）老板觉得公司风险很大，应该怎么办？

（6）公司高管觉得个税比较高，有没有优化的办法？

（7）房地产项目要清算了，能不能帮忙做清算？

（8）公司预计今年销售收入翻倍，利润率大幅度提升，有没有办法优化税务？

这些需求千差万别，多种多样，财税咨询师如何将这些需求匹配到产品上，是做好咨询项目要解决的核心问题。结合过往的项目经验，我们总结出以下实现需求与服务无缝衔接的步骤：

1.需求与服务的衔接

（1）需求与服务无缝衔接五步法。

了解客户基本情况 → 了解真实需求 → 沟通安全底线 → 找准问题关键节点 → 设计并衔接服务

图4-1　需求与服务无缝衔接五步法

①了解客户基本情况：客户的业务是什么、产品是什么，他的客户是谁、财务数据大致如何。

②了解真实需求：这主要是因为客户讲出来的不一定是他心里想的，因此作为财税专业人员，需要对客户的话进行解读，要把问题了解清楚，识别客户的真实需求。

③沟通安全底线：客户对咨询项目满不满意最重要的决定因素是财税咨询师是否与老板在同一个思维层面上，大家对于风险及安全达成共识，才能够拿出双方一致认可的解决方案。

④找准问题关键节点：识别解决客户问题的关键节点，评估是否可以做到是实现客户需求的前提条件。

⑤设计并衔接服务：匹配客户需求，设置相应的产品。

我们可以针对客户常规出现的问题，举例来说明如何按照这几个步骤操作。

（2）案例一：我们能不能少交税？

第一步：了解公司基本情况。需要了解公司是做什么的，有哪些产品、客户是谁、业绩如何。基于这三个基本信息的了解，财税咨询师才能够大致判断该公司的税负规模，识别主要风险。

第二步：了解客户的真实需求。知道了对方税负规模及风险，再去问老板想要交多少税，想以什么样的方式交税。比如该公司一共就交两种税——增值税和所得税，如果减的话，是要减少哪种税，减到什么程度。

第三步：沟通安全底线。基于第一步和第二步的沟通，财税咨询师掌握了客户的基本信息及其主要需求，接下来就需要同步双方的底线。比如客户提到不想交增值税，那我们需要作一个判断，能不能通过操作达成客户预期，如果按照客户的实际经营情况，不存在不交增值税的，那就需要明确这一点。如果客户坚持要做，那就要摆明态度，做不了。安全底线的沟通是需要了解客户对于税的风险认知，识别哪些是他接受不了的，哪些是他可以接受的。

第四步：找准问题关键点。比如针对客户提出来的想少交或者不交增值税的需求，我们要了解他是出于什么样的考虑提出的这个需求。如果老板说企业的进项不足，我们会发现，他们以一般纳税人为主体交税，那么这就是问题的症结所在了。如果能把纳税主体变成小规模纳税人的话，税率就会降低，就能达到老板少交税的目的。关键点就在于企业纳税主体身份的转化。

第五步：设计服务类型和收费。如果客户的关键问题不是增值税，而是所得税太高了，那我们就需要了解，为什么所得税会高，可能你继续挖掘的话，会发现所得税高是由于客户的毛利高，且有一部分发票拿不到。如果这个情况需要做税务优化的话，就要看毛利有没有降低的空间，以及拿不到发票的部分是否有解决发票来源的空间。类似这种项目，我们一般会定位为成本收益结构优化类的项目。

（3）案例二：公司过去的账务混乱，有什么办法规范？

第一步：了解公司基本情况。既然问题在账务，那么我们会侧重了解账务的情况，比如行业、客户、年销售规模、成本、利润、毛利等情况。此外，如果老板觉得账务乱，就要追问他为什么觉得账务乱，怎么个乱法，当前的账务是由谁在处理，税务局是否有查过账之类的情况。

第二步：了解客户的真实需求。在这个部分要追问老板为什么觉得账务乱，有哪些表现说明账务乱。比如乱是因为核算不到位还是内控问题，是报税乱报还是老板觉得乱？这些都是能够挖掘出客户真实需求的问题。

第三步：沟通安全底线。既然公司账务混乱，那么，是否被税务局查过，客户想通过财税咨询项目达到什么样的效果。

第四步：找准问题关键点。账务乱意味着存在税务风险，因此关键点在于帮老板把问题找出来，再找到相应的解决思路。比如理顺账务体系，对账务进行整改，等等。

第五步：设计服务类型和收费。了解了客户的基本情况及问题的症结，大致就可以设计产品及收费了。类似账务的理顺一次性的服务可能无法解决问题，这时候可以考虑拆分项目总价，采取年收服务费的模式。

2.需求服务衔接的几个特殊问题

（1）模糊需求需要清晰化，表面需求需要精准化。这要求我们要善于提问，要把问题背后的真实需求识别出来。

（2）客户提出多个需求如何处理。多个需求最好不要一揽子做，一个一个做比较好。多个问题可能会相互影响，因此应从最紧急的需求开始做起，效果好再进行下一个。

（3）关注客户对最终结果的确认标准。要与客户反复沟通项目验收标准。企业最担心的首先是问题的确认，要反复澄清对于客户需求的认识，对齐标准。其次要对匹配的服务及产品做澄清，确认客户是否接受我们提供的这个服务。最后确认验收的标准，对我们交付的结果设定目标，并与客户确认是否客户最终想要的。

（4）关注标准化咨询产品与非标准化咨询产品的衔接。有些项目是标准化的，但有些是非标准化的。账务整改、内审顾问相对来说是标准化的，但专项类的问题一般是非标准化的，需要在产品及服务上做好衔接工作。

三、界定财税咨询服务内容与边界

在了解了客户的需求，并匹配好与需求相适应的咨询服务后，还需要对财税咨询服务的内容及产品界定好边界。我们讲产品的设计，其中就包括工作服务的边界、时间的边界、内容的边界等。如果这个内容不界定清楚的话，就意味着我们的工作是没有边界的，哪些活该干，哪些活不该干不清楚，干到什么程度也不清楚，很有可能我们在整个项目中做了很多事情，但最后客户仍旧不满意。

1. 财税咨询服务的分类

从过往的经验中，我们发现经常做的咨询服务类型有以下七种：

（1）公司顾问服务：通常以年度为单位，顾问的服务通常是不明确的，视客户实际需求而定，客户有问题就沟通，财税咨询师进行解答。这个服务内容比较庞杂，面比较广，但在服务时间上有严格的限制。

（2）项目咨询服务：以项目为经营模式的公司，比如房地产公司、建筑公司等，公司的核心就是项目经营。问题咨询围绕如何做好项目来展开，因此这类工作归属于项目咨询服务。

（3）账务规范服务：通常是帮企业规范之前的账务，比如过去三年的账务规范与梳理，这个目标比较明确，如果账务规范过程中涉及其他问题也需要协助解决。

（4）顶层设计服务：顶层设计包括产权架构、资产架构、业务架构及资金架构。顶层架构设计与商业模式相关，但含义要丰富一些，因为顶层架构的设计决定商业模式的设计。

（5）内控及内审服务：内控与内审分属两个服务。内控服务不一定有内审的内容，内审主要针对已经发生的情况进行审计，而内控指老板如何管理财务，财税咨询师需要帮助老板搭建一个比较放心的财务控制体系，以确保不会出现大的风险和跑冒滴漏问题。

（6）收购兼并服务：这涵盖公司收购、集团收购、股权转让等，比较大的问题是股权转让带来的税务风险，也有一些与资产重组有关。比如房产的转移，也归属资产重组。这类服务可能要出整体方案，也可能要随时跟进，根据客户的需求有所差别。

（7）其他专项服务：与前面六类服务不同的类别放到其他里面，可能是围绕某个具体的事情，做相应的解决方案设计与落地。

如果我们换一个角度，根据服务模式的差异来对财税咨询服务进行划分的话，会得到另一种分类。

（1）顾问类服务：通常针对整个公司，不聚焦某个事件，服务范围较大，以时间为重要边界。顾问主要为核心决策层，也就是为老板提供服务。此类服务一般深度较浅，但事多且杂。这类主要是集团类公司需要的，以顾问式服务提供专家指导就可以，通常以年度为收费单位。

（2）项目类服务：通常针对某个特殊项目，对项目结果通常有明确的要求和标准，且时间不是重要边界。地产建筑是这类项目的典型行业，这类项目税的优化比较明确，解决方案需要建立在合规合法的基础上，因此服务结果比较明确。比如地产项目，通常会对整体做一个测算和优化，最终的落脚点会落在整套测算方案上，项目的收入、成本、费用及要交的增值税、所得税等详细的情况都会列示。项目类服务我们要对结果负责，因此我们参与的程度比较深，且时间不作为项目边界，有的时候地产项目可以2年落地，甚至3年落地。

（3）专项类服务：通常针对整个特殊事件或目的做咨询，有的要求有明确结果，有的没有明确结果，时间也不是其重要边界。这类服务需要根据客户的需求重新设计服务方案，结合客户的需求、期望等信息设计产品。专项有的要求明确，有的不明确，因此实务操作比较复杂。比如顶层设计，股权设计一般要设计出一整套的股权架构，但它的标准就不如节税多少那么具体，因此这类项目需要我们跟客户进行充分沟通，要大家对最终结果有共同的认知，才能顺利交付。

2. 咨询服务产品的边界

（1）时间边界。顾问服务有很强的时间边界，项目咨询是否有时间边界需要关注结束的标志。比如地产类咨询，一个地产项目可能需要很多年，什么时候收尾不可控，那项目的节点是以项目清算、项目完工还是项目交付时间点为边界差异很大，需要明确清楚，避免出现争议。如果是以清算为节点，还需要约定时间，因为有客户项目已经完工但迟迟不清算的情况存在。比如约定服务三年后结束项目，或者项目完工一年后结束服务，这样既有节点，又有时间约定，比较清晰。

专项咨询是围绕某个具体的事情做的服务工作，它与项目咨询一样，没有明确的时间边界。常规情况下，还是建议对时间进行界定。比如我们可以对工作节奏进行约定，按照项目四个阶段去开展工作：现场工作、出调研报告、出汇报方案、协助落地实施，前三个过程我们可以自己控制，但最后一个要由企业自身实施，我们控制不了，因此我们可以在最后一个步骤上去约定时间。比如正常咨询项目三个月就可以，那我们就在合同里约定三个月。

项目的付款要与项目的落地情况挂钩，因此虽然专项和咨询项目没有相对准确的时间边界，但通过不同方式对时间进行约定，是对我们服务的一种保护。

（2）服务边界。顾问服务的边界要确定是一个集团还是新的项目也包含，这个要先说清楚。项目咨询服务的边界比较清晰，就是围绕项目开展的财税咨询工作。专项服务通常就是某个时间，我们在合同里加以明确即可。

（3）工作边界。工作边界是最不容易界定清楚、最容易发生冲突的地方。如果没有跟客户沟通清楚，老板会觉得所有事都应该由财税咨询师来做。比如顾问服务中，老板要求财税咨询师出一个具体的操作方案，这个工作我们是否要做呢，这种情况就比较考验人。如果客户的任何要求你都答应，那顾问服务就有可能变成专项服务，可能收着顾问服务的钱，但却做专项服务的事情，最后把自己的时间都搭进去，整个项目就做亏了。因为没有界定工作边界而把自己搞得疲于奔命，客户反而不满意，因此一定要跟客户强调哪些是属于服务范围内的，哪些是不属于服务范围内的。在顾问服务中，如果要求出具体的筹划方案，通常我们不会出，但我们可以给一个思路，并且告诉客户如果要详细的方案可能要深入调研，要派团队进场，这样就需要通过专项合同来执行。

有时候比如项目咨询服务，遇到老板要我们做合同审查，我们应不应当做呢？常规来讲，如果合同审查与项目直接相关，且高质量不是特别大或特别复杂，可以包含在内，如果不是的话就不可以包含在咨询项目里。工作边界既要考虑工作内容的问题，也要考虑成本、客户满意度的问题。

第三节　项目谈判

一、了解市场环境

商业谈判中，了解市场环境也是非常重要的一步。了解市场环境，有以下几种方法。

（1）研究：通过研究市场报告、分析行业趋势、关注业内新闻等途径，了解市场环境的变化和趋势。

（2）调查：通过调查客户需求、对手竞争情况等，了解市场需求和竞争情况。

（3）分析：通过分析市场数据、了解消费者心理等，分析市场环境的变化和趋势。

（4）制定谈判策略：在了解了市场环境和对方需求的基础上，可以制定适合自己的谈判策略。制定谈判策略时，需要考虑以下几个因素：

①目标：明确自己的目标和底线。

②应变：制定应变策略，根据对方的反应做出相应调整。

③影响：提高自己的影响力和谈判能力。

④交流：保持良好的沟通和交流。

⑤团队：团队协作，形成合力。

二、塑造咨询服务价值

咨询服务也属于商业活动的范畴，其目标仍旧是赚取足够的利润，让企业生存发展壮大。但决定咨询公司能否生存下去的前提是创造价值。客户是否认可你的价值，这是决定企业生存的关键课题。但咨询服务与其他产品销售不同的是，客户对咨询服务的价值较难感知，且咨询服务的标准化不足，因此让客户认可咨询服务价值是比较需要突破和解决的问题。

结合过往经验，我们认为塑造咨询服务价值的关键，有以下四点需要注意：

1. 塑造公司价值

（1）定位清晰。在开展咨询服务之前，我们需要明确，我们的目标客户是谁。前文我们讲过，我们不可能满足所有人的需求，当然我们的客户也不可能是所有人，他一定是某一个有限定的部分。这要求我们要做差异化，做好细分，尤其是小咨询公司，要搞清楚企业的定位，集中优势做好某一个领域。

在面对客户时，能否用一句话来概括公司的定位，这是一个检验标准。这一句话需要包括你做什么不做什么，你服务哪些客户等信息。如果一句话说不清楚，公司的定位就有问题。

（2）团队专业。所有的咨询服务，最后都需要由咨询师组成的团队去做，跟客户做沟通交流的也是咨询团队，因此团队是否专业，客户能够第一时间感知到。此外，团队的知识输出如何、公众号文章是否为原创、是否出过书，这些都是客户感知你专业性的渠道。

2. 塑造个人价值

专业形象指咨询师的为人处事方式，要有好的个人形象和好的工作习惯。首先特别需要强调的第一个规则是作为咨询师不能迟到，别的东西客户不容易感受到，但遵守时间是最基本的要求。如果连最基本的时间要求都不能遵守，那么客户怎么敢把几十万、上百万元的项目交给你做。

其次是咨询师的专业能力。要注重个人输出，要写好的专业文章，要持续输出好的课程。从塑造价值的角度来讲，线上、线下及内训课程均能输出的咨询师，一般具备较强的综合能力。

3. 塑造产品服务价值

第一，要准确界定服务边界。咨询项目，最忌讳的是服务边界不清晰，当客户的认知与你的认知不一致时，一定会出现冲突。因此在项目开始的时候，宁可多花时间，也要把边界界定清楚，让客户清楚服务工作的内容是什么，最后项目的工作结果是什么。这个与期望值相关。

第二，努力将给客户带来的价值数字化。对咨询服务给客户带来的价值进行量化，是我们在项目谈判过程中比较有利的支撑。比如我们在定价中用到的节税比例法，能够测算出节税的金额，再与客户谈项目的费用比例，这个时候是很有说服力的。

第三，管理客户的期望值。这个非常重要。日常生活中，有的人幸福感高，有的人幸福感低。这里最重要的就是对人、对事物的期望值管理存在差异。当期望值很高的时候，幸福感会降低。虽然期望值比较主观，但它对结果很重要，对客户能否认可咨询服务的价值也很重要。因此在咨询实务中，要注意素质价值，同时也要避免给客户不切实际的期望，要把客户的期望控制在一个合理的范围内，把哪些能做哪些不能做讲清楚，避免后续双方发生争执。

4. 塑造客户与咨询师的关系

咨询师与客户的关系不是简单的甲方、乙方的关系，而是"医生"和"患者"的关系。而"医生"和"患者"的关系要处理得好，有几个原则是必须遵守的。

第一是不主动。咨询师一般不会主动找客户，得是客户觉得自己有问题，然后咨询师才能展开诊断，并最终出具解决方案。

第二是不拒绝。面对每一个客户，咨询师都需要认真对待。不管项目金额大小，客户从事行业有什么差异，一律应认真对待。最后能否成交另说。

第三是不负责。这有两层含义，第一个指能不能谈成，不好说。不管是哪个咨询师对接，都无法保证项目顺利签约。第二个指即使项目谈成，咨询工作开始，咨询师仍然只具有第三方专家的身份，我们不可能代替企业的财务团队，更不能取代企业财务，把落地工作也做了。这里面有关系的是付款节奏，以专项服务为例，通常会分两次付款，第一次是进场前50%的项目费，第二次是汇报方案时收50%的尾款。有时候客户会问，咨询方案要落地的，可否留一部分费用到落地的时候付。这个我们是不同意的，理由就是落地这件事，咨询师无法负责。咨询师只能对方案负责，但方案不能落地的原因有很多，这个是咨询师控制不了的。所以通俗地讲，我们对我们的方案尽责，不赖账，但不是我们的责任，也不能往自己身上背。

三、管理客户期望值

财税咨询师大部分在专业领域是很强的，但在营销、沟通领域如果没有接受过专业的训练就可能会导致期望值管理出现问题。期望值就是客户愿意付费给你，相应地，他脑海中希望得到的东西，也就是最想要达到的项目效果。从营销上来讲，满意度等于体验感减去期望值。如果你给的体验感超出客户的期望值，客户就会有很高的满意度；如果你给的体验感恰好等于客户的期望值，那他们就反应平平；如果体验感没达到客户预期，事情就会变得很糟糕，客户会非常不满意。从这个公式来讲，如果要增加客户满意度很简单，第一，要增加客户体验；第二，要降低客户期望值。项目正常的专业技术、良好的服务水平、优秀的沟通能力，这些都是为了让客户的体验更好，但仅提高体验是不够的，一定要做好期望值管理，让客户的期望值尽量维持在一个合理的范围内。如何管理客户期望值，有以下四点：

1. 设定期望值

设定期望值要在咨询协议签署之前做，这个与客户在谈判过程中，愿意与我们合作对应的期望有关。期望太低，意味着我们的价值不大，不可能成交。但如果销售人员为了成交，答应客户不切实际的要求，最后导致成交后出现退款或者矛盾的情况，那结果也会非常糟糕。在与客户沟通的过程中，需要充分了解客户的期望，包括对咨询师的期望、对解决方案的期望、对实施时间的期望等。在确认客户的期望时，需要考虑到客户的实际情况和需求，并与客户进行充分的沟通和讨论，以达成共识。千万不能为了成交而答应客户自己做不到的事情，宁可不收对方钱，也要把期望值说清楚。

在设定期望值阶段，要注意三点：第一，客观公允地介绍产品价值。比如专项服务和顾问服务各有特点，顾问服务不够深，但面比较广，专项服务面比较窄但比较深入，两者侧重点不一样，各有利弊。我们不能为了成交按顾问签合同，但是最后按专项来做，最后这个结果一定不好看。所以要客观公允地介绍服务的价值，忌讳为了成交而夸大宣传。第二，要清晰地界定产品的边界。作为咨询师，做好定位是为了做好边界，只有讲好边界，才有可能做好期望值管理。在前期谈判的时候，不要把话说太满，介绍项目效果的时候，也不要把客户的期望值设得太高，不该咨询师做的事不要随便答应。第三，给客户提供透明的信息。在咨询过程中，需要及时向客户提供相关的信息，包括解决方案的进展情况、风险和问题等。同时，需要向客户提供透明的价格和收费标准，以避免客户对咨询费用的不满和误解。

2. 控制期望值

影响期望值的因素有很多，比如广告宣传、客户价值观、竞争环境、媒体信息、客户的年龄及之前的购买体验等，这些都会影响客户期望值。在沟通中尤其要注意，我们谈判的时候不可能完全了解客户心里的想法，要关注客户对于期望值的描述，捕捉客户对于咨询服务效果的表达，如果客户的期望值过高要及时沟通调整，比如节税的效果、服务方式、服务边界，这些要提前沟通清楚，哪些能做，能做到什么程度，哪些不能做，都要在成交之前交代清楚。在制定解决方案时，需要考虑客户的期望和实际情况，并制定出切实可行的解决方案。如果有必要，可以对解决方案进行调整和修改，以满足客户的期望。

3. 有效沟通

坦诚相告是所有沟通中的基本原则，面对客户的要求，需要与客户进行充分的沟通和讨论，以确保客户对解决方案的期望得到满足。要坦诚地告知客户哪些能满足哪些不能满足，哪些能满足但需要提升服务和提升价款。让客户明白，咨询公司也不是万能的，专家也不是什么事情都能够做到的,让客户打消不切实际的期望。对于咨询公司来说,信任、信用是用钱换不来的东西,因此有效沟通的前提是坦诚相告。

4.警惕额外要求

额外要求是指超出合同范围的要求,比如顾问服务,按要求每个月来一次即可,现在要求你每个星期都要来,这就是额外的要求。很多咨询师面临客户提出的额外要求时会很痛苦,因为要兼顾成本和客户满意度,答应做又很勉强,直接拒绝又怕伤了客户感情。在处理客户额外需求时,如果做不到的,明确告诉他,这并非自己的专业所长,如果需要可以找更专业的人。如果能做到,但不在合同约定的服务范围,则需要增加费用。如果是比较简单的,比如出出主意或简单沟通的,工作量不大的,不收钱也是可以的,但话必须说明白,事可以做,边界还是要把握好。

四、合理报价

咨询服务与其他产品服务有较大差别,因为咨询服务非常复杂,标准化难度大,因此市场上的报价非常混乱。且国内财税咨询领域并不成熟,很多财税咨询师在报价的过程中会有很多困惑。

1.四种常见的定价方法

(1)成本核算法。成本核算法即考虑覆盖成本的价格,报价至少应该覆盖成本,再在此基础上综合项目利润。成本定价法首要的因素是成本,如何核算成本,哪些东西应该包含在成本里面,这是很复杂的工作。很多公司核算成本,仅把公司的房租、人员成本、材料加设备折旧费汇总,再除以生产出来的产品数量作为单件产品的成本价。如果采用这个核算方法,在最后算账的时候会发现,企业是亏损的。为什么呢?因为这个成本的核算方法是错误的。作为财税领域的专业人士，大家对于成本计算的理解应该是容易统一的，就是在所有的成本核算里面，一定要区分固定成本和变动成本。不同的行业，固定成本和变动成本的比例不同。对于咨询公司而言，房租是固定成本，人员工资是固定成本，日常开支是固定成本，此外还有固定的费用，包括管理费用、公司内部的福利开支等，因此咨询公司的固定成本是房租、人员工资、日常开支加固定费用的总和。通俗地说，固定成本就是不管有没有业务，这些钱都要花，固定成本的大小与业务量的大小、提供的服务多少无关。

变动成本是指随着服务量的大小，收入的多少会相应变化。项目多收入大，变动成本就会增加。比较典型的是工业企业，比如原材料，它就是典型的变动成本，生产的产品越多，原材料的耗费越大。在咨询公司里，当项目人手不足时，从外部聘请财税专家参与项目交付，这个外聘专家的薪资也可以算作变动成本。通常情况下，咨询公司的人员是相对固定的。因此财税公司的变动成本，从常规来看就只有一个，也就是项目的提成，有的也叫项目奖金。比如20%的项目提成，就按项目金额的大小直接折算即可得到变动成本。

在计算项目成本的时候，首先要算出盈亏平衡点来。举例来说，项目的固定成本是300万元，变动成本比例是20%，如果项目收入是100万元，那么除去变动成本20万元外，剩余的80万元就是可以用来消化300万元固定成本的金额，因此项目报价100万元，就亏220万元；如果项目报价300万元，那么变动成本60万元，固定成本分摊就有240万元，还是亏60万元；如果项目报价400万元，那么变动成本80万元，固定成本分摊300万元，就有盈利20万元，可以看出来我们的盈亏平衡点就是接近400万元。只有当项目金额达到盈亏平衡点的时候，公司才不至于亏损。在计算好盈亏平衡点之后，要考虑咨询产品的总成本。因为变动成本是按固定的比例折算，所以比较容易算出来，麻烦的是分摊的固定成本如何计算。固定成本是一个总量，但全年一共会接几个项目是不固定的。

有一种方法是按照咨询师的工作时间来分摊成本，比如固定成本300万元，10个咨询师，每个人要背30万元的固定成本。用30万元除以全年的工作日220天的话，每个人每天的成本是1500元。正常情况下，咨询师不会满负荷工作220个工作日，因此折算一下，假定有100个工作日是实打实花在项目上的，那么每个咨询师每天的成本就变成3000元，如果一个项目，要派3个咨询师，连续工作20个工作日，项目金额就可以用3000元乘以20乘以3来计算，得出的18万元就是项目的成本。用这种方法算出来的金额不够精确，但这主要是给咨询公司一个大致的成本概念。

（2）节税比例法。财税咨询大部分项目与税有关，很多咨询项目都会有非常明确的节税额度，也叫优化额度，这个优化的额度就是财税咨询服务给客户带来的价值和贡献，因此有部分的财税筹划项目报价与节税结果直接相关。

这种计算方法比较常见，重点是如何测算节税金额。通常情况下，我们会通过对比原方案来测算，比如原方案是指企业什么都不做，按照既定的方法交税，税率和项目均固定，原交税方案是1500万元的税额，通过我们给出的方案，他最终只需要交500万元的税，这个时候节省的1000万元税额就是计算项目比例的金额。使用这个计算方法需要注意要让企业认可你的计算逻辑，并且在保证企业安全的前提下，达到减税目的，这样就可以与企业沟通按照节税比例收费。节税的比例在实际的操作中因公司的不同而不同，暂时没有固定的标准，常见的比例在5%—15%。

除测算节税金额谈定收费比例外，还需要注意，节税金额能否写入合同。正常情况下，为了约定双方权益，降低履约风险，合同的约定条款都是写入合同的，但节税金额建议不写入合同条款。节税法适用的项目类型相对特殊，一般是能够算出来数字的项目，如果连节税金额都无法确定，那么即便有比例也无法得出最终的项目数。

（3）标的比例法。除去节税项目外，很多项目不与结果相挂钩，按照项目的复杂程度、工作量及重要性等评估，我们可以找到一个标的作参照。比如找注册资本、资产总额或者总投入相近的标的进行同等报价。

标的比例法主要运用在无法计算项目价值产出的情况下，比如常做的顶层设计项目等。企业顶层设计类项目内容涉及得比较多，有可能涉及股权、资产，有时候也会涉及业务、资金等。这类项目一般是无法核算具体金额的，捋顺架构、规范商业模式、降低风险等这些工作的价值需要在以后较长的时间内才能慢慢体现出来，在这种情况下，我们就会采用标的比例法。

标的比例法的关键是找出标的。这里可以参考的标准有以下几个：销售额，销售额大，说明这个项目对你的价值大，有时候也可能意味着这个项目的难度大；资产额与销售额相似，资产额越大，降低风险带来的价值也越大，有时候项目投资额也可能是参照标准之一，因为投资额的大小决定了做该项目对你产生的价值的大小；某些专项如股权转让交易、收并购等，可以采用交易额来作为项目的标的。确定标的额之后，再乘以比例即可得出项目金额，但比例的大小则无固定标准，因此报价的关键在于你如何让客户感知、认可你的价值，然后再用你的报价来说服客户。例如，房地产筹划项目，可以用节税比例法，也可以用标的比例法，如果用标的比例法的话，我们可以参照投资额来定，通常情况下，收费比例会是总投资额的3‰—7‰，如果是总投资额10亿元的项目，项目金额为300万—700

万元。

在合同条款上,标的比例法较节税比例法不同,它不像节税比例法那样敏感,相关条款是可以写入合同的。在合同上,要把标的写清楚,要具体框定项目投资额,比如房地产项目的投资额是仅仅包含开发成本还是也包含费用、税金,要写清楚,以免最后出现争议。

(4)底线定价法。底线即心理底线,与成本核算法相近,企业的目的是盈利,因此财税咨询项目的底线就是不亏钱。有的企业把成本当底线,有的企业也会自己定标准,这个时候就脱离了底线,会加上一些盈利的要求,如果项目达不到要求,即便整体仍是盈利的,也不会做。这个方法要求咨询公司自己制定收费标准,并且维持相应的标准。比如同等的项目,不可差异收费,要让客户看到明确的收费标准。

底线跟客户定位直接相关,因为不同的客户对价格的认知完全不同。比如初创企业对30万元咨询项目的价格感知与大型集团公司对30万元咨询项目的价格感知并不相同,前者可能觉得价格太贵,后者则觉得很正常,所以最终的问题就是要明确自己的公司定位。了解自己的客户画像,知道自己要服务哪一类人很重要。如果咨询师无法贯彻落实自己的价格体系,为了获取项目,对小客户低收费、大客户高收费,最终会导致定价混乱,客户对你的认知将大打折扣,因此这一点是需要注意的。

2.基本报价体系

一般的财税咨询公司,它的服务产品大致包含以下七种,按照四种报价方法,我们对适用的服务项目进行了简单的整理,供大家参考。

表4-2 财务咨询公司服务产品报价方法

服务项目	成本定价法	节税比例法	标的比例法	底线定价法
年度顾问	√	×	√	√

续表

服务项目	成本定价法	节税比例法	标的比例法	底线定价法
项目咨询	×	√	√	√
账务规范	√	×	×	√
顶层设计	×	×	√	√
内控及内审	×	×	√	√
收购兼并	×	×	√	√
其他专项				

（1）顾问服务。我们可以按照约定的上门频次及时间，按成本计算项目报价。年度顾问无法预知节税金额，因此不适用节税比例法。年度顾问与工作量大小相关，如果能找到标的与工作量之间的关系，则标的比例法也可以用，但如果没有参照的工作量关系，则很少使用，实务当中用得比较少。底线定价法有企业自身的定价体系即可，因此也是适用的。

（2）咨询服务。咨询项目的周期比较长，难以计算整体工作量，因此很难用到成本定价法。但节税比例法、标的比例法比较容易计算，较常用。底线定价法适用面广，咨询公司有自己的定价体系即可，也是可以参考的。

（3）账务规范服务。账务规范的工作比较标准化，通常我们可以预估咨询师在现场工作的时间，因此用成本定价法比较适合，同样，有了成本后，底线定价法也可选用。但账务规范能产生多少价值，能节省多少税额，这个难以量化，因此节税比例法和标的比例法不太适用。

（4）顶层设计服务。顶层设计前面我们有介绍，很难量化咨询项目的价值，因此节税比例法不太适用。再加上顶层设计要根据企业的实际情况而定，工作难以标准化，因此成本定价法也不适用。标的比例法和底线定价法则是可以用的。

（5）内控及内审服务。首先，内控及内审与企业实际账务情况、规模大小有关，工作量标准化弱，成本定价法较难实施。其次，内控工作与节税不挂钩，所以不适用节税比例法，但标的比例法和底线定价法较常用。

（6）收购兼并服务。收购兼并服务比较典型的适用标的比例法，如果收购兼并项目的诉求是节税，则节税比例法也可以用。底线定价也可以，但工作无法标准化，成本定价法也不太适用。

3. 客户要求降价如何应对

咨询服务与产品销售类似，必不可少地会遇到客户砍价的情况，理想的情况是希望跟超市一样，提供标准化的产品，明码标价。但实际情况是，咨询服务有很多个性化需求，导致价格存在弹性，从客户的角度看，他们也知道这里可能存在议价空间，这样的认知在短时间内很难改变，因此谈判时遇到客户砍价很常见。面对客户要求降价的时候，我们需要思考应对策略。

（1）分析客户要求降价的原因。客户要求降价，有三种可能：第一，就是习惯性地说一说，这种情况是受很多咨询公司高价的影响，客户随口问你一句，能不能便宜，遇到这种情况，可以不予理会。第二，客户有竞争对手的报价，但他觉得你做得也不错，这个时候如果你报价50万元，竞争对手报价20万元，客户就会觉得同样的工作，你的价格贵，那么就会询问是否可以便宜些。第三，超出客户预算，这个时候需要区分是企业预算管理中的预算，还是心理预算，如果是企业规定每年咨询费用不超过100万，这种情况下是真超出预算了。如果是客户对你服务的价值认知，觉得你的服务不值你的报价，从而提出降价的要求，这个时候就比较麻烦，需要思考应对措施。

（2）应对客户降价的原则。应对客户要求降价，需要遵循一定的原则。第一，注意不可迅速回应降价需求，这会让客户质疑你的服务品质。

有时候为了成交项目，咨询师会急于答应对方的需求，但迅速回应会让客户感觉自己上当受骗了，从而反过来质疑你的服务品质。第二，要在报价的过程中，预留一定的谈价空间。第三，当存在节税空间的时候，要多从服务的价值方面来沟通报价。谈价的时候，要跟客户强调咨询服务带来的价值，这样容易谈拢。第四，针对无法量化价值的咨询项目，塑造公司和团队的专业价值是关键。咨询服务项目很多都有隐私在里面，企业信任你，才可能把这些信息暴露给你，因此谈价的时候，前提一定是建立相互信任的基础。客户相信你的专业能力，认可你的团队价值，就不会将关注点过多地放到项目价格上。这要求咨询师一定要做知识输出，要写文章，甚至可以通过发布短视频的方式，来建立客户对我们的信任。

五、制定备选方案

在商业谈判中，要有备选方案，这可以在谈判陷入僵局时为你提供更多的选择。当你面对一个具有争议的问题时，要做好准备，提前制定好几个可行的备选方案。制定备选方案时，需要考虑以下几个因素：

（1）对方的需求和利益：需要考虑对方的需求和利益，以便为对方提供更好的解决方案。

（2）自己的利益和需求：同时也需要考虑自己的利益和需求，以便在谈判中争取更好的条件。

（3）时间和资源：制定备选方案时，还需要考虑时间和资源的限制，以便选择最优解决方案。

在有些项目谈判中，让步是常见的策略。当你的立场无法取得对方的认可时，让步就是化解僵局的有效方式。让步的关键是要适时、适度，并且要以对方的需求和利益为出发点。同时，在让步过程中，也需要注意保护自己的利益和需求。下面是一些让步的技巧：

（1）逐步让步：逐步让步可以让对方放松警惕，更容易接受你的立场。

（2）延迟让步：有时候，拖延时间可以为你争取更多的利益。当你感到时间不够充裕时，可以考虑延迟让步。

（3）条件让步：条件让步可以为你保留一定的筹码，以便在后续的谈判中继续争取更有利的条件。

六、注意谈判技巧

1. 明确底线

在咨询项目谈判中，你需要明确自己的底线，即你最低可以接受的条件和权益。了解自己的底线可以让你更加自信地进行谈判，以免在谈判中做出不利的让步。如果你在谈判中达成自己的底线要求，最好的选择是退出谈判。在作出这个决定之前，你需要权衡你在不达成协议的情况下的后果和机会成本。如果你坚持到底，你可能会失去这个生意，但是你会保护自己的利益和声誉。如果你退让了，你可能会得到这个生意，但是你可能会失去一些权益，甚至可能会影响未来的业务。

2. 关注对方的情感需求

在实际谈判过程中，很多时候对方的决策是基于情感需求而非理性需求作出的。因此，如果你想要在谈判中赢得更多的利益，就需要了解对方的情感需求，并在谈判中满足这些需求。例如，如果对方需要感受到尊重和认可，你可以在谈判中表现出对其贡献和能力的肯定，从而让其感受到被尊重和认可。如果对方需要感受到安全感和信任感，你可以提供一些担保或者保障，从而让其感受到安全感和信任感。

3. 善于借助第三方力量

如果你发现自己无法说服对方，你可以考虑借助第三方力量。第三方力量可以是一位权威人士、一份市场调查报告、一份专业意见等。借助第三方力量可以为你赢得更多的信任和支持，因为第三方力量通常具有更高的权威性和可信度。此外，借助第三方力量也可以为你提供更多的信息和证据，从而增加你的说服力。

4. 在谈判中保持礼貌和尊重

无论在哪种场景下的沟通，礼貌和尊重都是非常重要的。如果你在谈判中不尊重对方或者不礼貌，你可能会破坏谈判气氛，并影响对方对你的态度。

5. 坚持原则

在商业谈判中，你可能会遇到对方试图逼迫你放弃某些原则的情况。不过，为了建立长期合作关系，你必须坚持你的原则，并清晰地传达给对方。如果你在某个原则问题上让步了，那么下一次对方又会试图逼迫你放弃另一些原则。

6. 针对不同人员采用不同策略

谈判的对象多种多样，你可能需要与多个人员打交道，包括高管、销售人员、法律顾问等。你需要了解每个人员的优势和弱点，并有针对性地采取不同的策略。例如，对于商务人员，你可以关注商业利益和合作机会；对于法律顾问，你需要关注法律风险和合规问题。

7. 不要陷入对抗

谈判的目的是合作，通过协商和合作，双方可以达成一个对彼此有利的协议。因此不能把谈判变成对抗,你需要与对方合作解决问题,而不是与对方对抗。如果你陷入对抗,很可能导致合作失败。因此,你需要尽可能多地寻找双方的共同点,并努力达成双方都可以接受的协议。

8. 学会倾听

倾听对方的需求和关切非常重要。通过倾听对方的诉求,你可以更好地了解对方的需求和利益,从而更好地为双方谈判提供解决方案。你可以通过提问、反馈等方式积极地与对方沟通,表现出你对对方的关注和重视。

9. 学会控制情绪

控制情绪非常重要。如果你的情绪失控,可能会导致谈判失败。因此,你需要学会控制自己的情绪,保持冷静和理智。如果你发现自己情绪失控了,可以暂时退出谈判,冷静一下再回来。

10. 确定下一步行动计划

谈判并不是结束,而是开始。你需要与对方一起确定下一步行动计划,包括合同签订、付款安排、产品交付等。在确定行动计划时,你需要清晰地说明双方的责任和义务,并确保双方都理解和接受这些责任和义务。

七、签订合同

1. 约定服务事项边界

咨询服务与别的有形产品甚至服务也不太一样,通常财税咨询服务是个性化的。每家公司的情况都不一样,因此约定的服务事项也可能不一样,即便有时候服务事项一样,边界也不一样。因此在做咨询合同的时候,首先就需要把边界说清楚,把要做哪些事情说清楚。

以财税顾问、内审、专项、项目咨询等项目为例，要在合同里界定服务类型。不同名称等服务对应的内容和边界不一样。比如顾问服务，第一，会包含新的政策解读，由财税咨询师来讲解新政策，目标是让企业紧跟政策。第二，财务部门日常的工作，有问题随时可以咨询。第三，老板或财税领域的高管，在重大决策过程中，如果需要财税专家提供专业意见，我们会介入，有一些重要会议或者谈判我们也可以参与。第四，公司里面涉及财税的重要文件如制度流程、合同等，需要我们审核，我们也会参与。通常情况下，顾问咨询服务包含这些内容，但每个公司略有一些差异，对应的价格也会有所体现。

在服务方式上，顾问的服务方式是咨询师到客户处，每年保证每月去一次的频率，全年不少于12次，这是对次数的约定。工作的深入程度也会提前约定，比如去到客户处之后，是否需要看账，还是仅回答问题即可，这些与服务方式和深度相关的问题，统一构成了工作的边界。在项目初期对工作边界梳理得越清楚，越能减少后续项目执行过程中的冲突和矛盾，也就越能保证客户对项目的满意度。

关于服务的最终成果，要区分成果与效果。专项服务最终出具方案报告，这个报告就是服务的成果。后续推进专项服务的工作协作推进表、项目过程管理表这些都是交付的成果。效果则指做完相应工作后对企业的影响，比如税负优化，能优化多少税额，内控能起到什么样的效果，这些属于效果的范畴。一般项目成果我们会写入合同，但效果不会写进去。比分优化的税额不会写，它比较敏感。

2. 服务价款与支付方式

有了合同约定中对服务的边界，就需要明确要收多少费用，分几次付款，以什么形式来付款。

在合同价款这部分里，定价严重影响谈单的成功率。在合同里面一定要把定价表达清晰，最好要有确定的数字。根据定价方式的不同，这个数字可能是决定数字也可能是相对数据。比如全流程的咨询服务，如果按总投资额乘以收费率的方式收费，那么这个可能是一个相对数据。

接下来是支付方式，这个问题值得关注。通常情况下，咨询服务需要先付款，因为它是无形服务，如果客户不付款，服务的成本是无法收回的。因此企业要有自我保护意识，无形服务的特性决定了要先付款。先付款也有两种方式，一种是项目金额比较大的，可以先付一定比例的款项。另一种项目金额比较小的，可以要求一次性支付，有时候我们也可以约定按节点支付。比如顾问服务，一年20万—30万元的费用，如果客户信得过，那可以一笔支付；如果信不过，那就需要继续建立信任，可以先付一半，半年后再付另一半。以内审项目为例，通常会分两笔付款，合同签订时付款50%，汇报方案后再付第二笔款项。有一些比如针对房地产行业的项目咨询服务，它的项目周期比较长，这个时候付款的笔数就多一些。但不管哪种项目，一定要体现先付原则。

支付方式有时候也涉及是否需要留质保金的问题。比如一个月的专项咨询项目，通常是六个月内计划付完其他款项，但如果对方说要保证落地效果，预留质保金，这个时候我们最好表示不要留。如果最后对方一定要留，也要设定小额款项作为质保金，且要对付款的节点和条件做清晰的界定。因为项目执行过程中会有一些变数，有的可能是不可抗力，有的可能是政策或经济环境的变化，会影响方案的实施，这些东西咨询师无法控制，所以需要前置风险。

在发票条款上，做财税咨询的，必须把合规放在最前面。所以不管是什么项目，都需要给客户开发票。

3.三个重要的免责条款

作为咨询公司，我们提供的是无形服务，而且我们所从事的又是与财税领域相关的、有风险的事情，因此保护自己也是很重要的。

第一，资料真实性免责条款。我们所有的方案都建立在数据采集情况调研的基础上，因此我们的数据来自对方的配合，包括对方提交及呈现给我们的资料和数据。只有资料没问题我们的信息才是没问题的，也才能落地。如果资料有问题，方案也不可避免会出错，最后肯定是无法落地的。因此所有的合同条款中都会加上这一条免责声明。

第二，客户公司配合落地的免责条款。方案由咨询师出，但最终能否落地还是要看对方公司能否按照方案执行。如果方案不能落地是因为方案存在问题，那就需要咨询师承担责任。如果因为客户配合的问题、政策变动的问题、第三方不可抗因素的问题导致最终方案不能落地，这就不由咨询师承担责任了。

第三，客户付款不及时的免责条款。讲支付条款的时候我们知道先付的重要性，但实际上咨询公司还是不可避免地要去跟客户要钱。所以在合同条款里面加上因为客户原因没有及时付款的，作为乙方，随时有权终止合同。从法律的角度来讲，客户不付钱不等同于合同义务终止，这个时候如果不约定那我们还得继续为其提供服务。

4.咨询服务保密条款

保密是双方的诉求，有些咨询师觉得保密只是咨询师对企业信息的保密，但其实这里也包含了客户对我们的保密责任。比如我们给某公司做的咨询项目，做了哪些事情，收费多少，这些属于咨询公司的核心机密，如果流传出去，就会造成不好的影响，有时候甚至可能会影响企业的声誉。所以保密是双方面的保密。首先，要对甲方的商业秘密保密，因为财税咨询要了解对方的秘密，在合同里，要明确承诺，绝不泄露。其次，对于合作的事项及咨询方案的具体内容也要保密。

5.违约责任确认

所有的项目我们都希望往好的地方想，顺利完成交付，客户按合同付款，皆大欢喜。违约本质上是为了解决双方担心的问题，通过约定条款来规避风险。

针对咨询公司关心的客户付款违约责任的问题，有的公司，会设定每天延期付款的违约金或滞纳金，这个没有具体的标准，因公司不同而异。有的有单方面终止协议的权利。

针对咨询公司关心的，保密原则的违约责任，主要是约定赔偿因为泄密给对方带来的经济损失。因为泄密会带来什么样的后果一般难以准确确定，所以只是在合同里提出来，有时候给一个比例也是可行的，比如如果泄密，要赔偿合同金额的10%等。

针对客户关心的，因方案有问题导致方案最终无法落地的违约责任，通常是承担全额责任。比如如果的确是方案误导了客户，我们会约定全额退款。如果因为咨询公司泄密造成客户方损失的，一般也是全额退款。

第四节　启动项目

一、内部项目启动会

1. 团队的准备

（1）项目负责人是关键。内部启动会第一个重要任务是组建团队。所有的咨询项目最终都要依靠人来做，咨询行业最有价值的资产是咨询师自己。但每个咨询师有不同的强项，最后的方式是把不同优势的咨询师组合起来，形成一个团队。整个团队里，最重要的是项目负责人。在这里我们需要注意，项目负责人其实是一个具备综合素质的人才，单项技术强的人不一定能做项目负责人。

一个合格的项目负责人需要具备三方面的能力。

第一个是综合的沟通能力。为什么叫综合沟通能力？因为咨询项目除了和内部人员沟通，还要和外部人员沟通，外部人员除了和对方老板沟通，还要和对方的财务、高管沟通，有些项目甚至还要协助企业一起面对税务机关。如此，就对项目负责人的沟通能力提出了非常高的要求。

第二个是综合的专业能力。财税咨询是一个很专业的事情，在财税咨询领域，不仅要有专业的财税知识体系，更重要的是这方面的专业能力如何解决企业的问题。你可能有注册税务师、注册会计师证，但这仅证明你的知识点是足够的，但这些知识点能不能转化成解决问题的能力，就不一定了。项目负责人必须对自有的知识体系进行重构，才能把专业知识转化为解决问题的能力，这才是我们说的综合专业能力。

第三个是综合领导能力。领导能力就是影响别人的能力，做团队的负责人，必须带领大家往前走，这是对内的功能。对外，你要通过你的认知去沟通和影响对方公司的老板、财务、高管，设身处地地站在他们的角度替他们考虑问题，这些都是对咨询师领导能力的要求。

（2）项目内部成员的搭配与组合。一个项目的成败首先要看项目负责人自身的综合能力，其次要看项目内部成员的搭配与组合。除了项目负责人职务，我们一般会设置第一助理、第二助理及第三助理，在这里第一助理最重要。因为第一助理需要能够站在项目负责人的角度来思考问题，这是一个培养人的岗位。项目负责人一定做过第一助理才能成长为项目负责人。第一助理除了要帮助项目负责人思考很多问题外，大量的工作也是第一助理在做，尤其是整个咨询工作中的报告方案起草必须由第一助理来做，他必须能够相对独立地完成方案的起草。第二助理、第三助理则更多地做一些具体的工作，如数据采集、凭证查阅、协助性文字工作、协助性沟通等。因此，项目内部是一个组合的机制。

2. 工作方案的准备

工作方案是项目启动会的灵魂，因为启动会要重点沟通的就是项目应该如何推进，落到纸面上就是系统的工作方案。工作方案通常应该包含以下几点内容：

（1）项目准确描述：应包含客户的期望、工作的目标，再基于这两项确定工作的具体内容。

（2）项目工作步骤：在既定的工作内容、目标下，拆分具体工作步骤。一般情况下包括现场工作、形成方案、方案汇报、落地实施这四个步骤。

（3）项目时间节奏：不同的感受有不同的时间节奏。通常，现场工作是一个星期，最多不超过 10 天。形成方案大概在项目启动 3 周左右，一个月内出具基本方案，汇报通常安排一天即可，落地实施的周期相对较长。

（4）项目团队分工、利益分配：在工作方案里，项目负责人、第一助理、第二助理、第三助理分别负责哪些工作要写清楚，每个人按要求完成自己承担的工作，就能够保证项目有序实施。基于项目分工，我们也会在方案里把利益分配的事情说清楚。

（5）团队工作中的注意事项：这里包括工作中要使用的工具方法，有哪些模板可以参照，这些都可以列出来。

3. 召开启动会

（1）启动会由项目负责人主持；

（2）会议要就项目工作方案再次进行讨论沟通；

（3）会议要统一思想、统一方法、统一口径；

（4）会议要进行项目工作方案的调整与优化。

计划和现实之间总是有一些差距，所以工作方案在执行当中也会有这样那样的问题，需要进行调整和优化。一般来讲，现场工作第一天很重要，之前对企业的了解是片面的，咨询师也急于出来工作方案，那第一天工作的时候可能结合新的信息对原有的工作方案进行调整。所以一般建议第一天下午下班的时候在客户现场工作，下班后需要反思工作方案，思考是否需要调整，并且要基本确定工作方案的最终版本。

二、外部项目启动会

1. 外部项目启动会的意义

首先是统一思想，统一外部的思想就是把客户的思想和我们内部已经统一的思想进行再次沟通和统一。因为在咨询项目中，项目最终能否达到预期目标，50%取决于咨询公司，另外50%取决于对方公司的配合。因此咨询公司内部统一思想非常重要，思想统一，工作才能配合。其次是让客户配合工作。在项目启动会上，我们会告诉对方，下一步工作我们会怎么做，每个阶段由谁来做，需要怎样配合，配合程度如何，我们会就工作计划和重要内容跟客户做交流。最后是管理客户预期。满意度管理是预期管理，我们会跟客户强调项目的困难性、限制性因素，包括一些免责条款，这些都是为了管理预期。

2. 何时召开外部启动会

一般是现场工作的第一天开始之前，我们会带着团队到客户处去开启动会。

3. 由谁参加外部启动会

通常对方的老板一定会参加，财务负责人也会参加，其他人是否参加要看情况。咨询公司参加项目的团队成员也必须参加。有些非常重要的咨询项目，咨询公司的总经理或者董事长也会参加。

4. 关键议程

外部启动会也需要慎重安排，需要讨论的问题一般包括以下四项：

（1）双方参与人员见面及介绍，我们会在启动会上确定双方的核心沟通人，咨询师团队一定是项目负责人，对方则需确认核心沟通人，大概率是财务总监。这一点要与对方沟通确认，核心沟通人意味着我们所有的工作会优先找他帮我们协调，我们不能到别人的公司到处乱找，因此核心沟通人很关键。

（2）我们也会重申项目的目的、工作内容。

（3）安排项目后续的工作节奏与大致的时间表，并对我们工作方案的内容作一个交代。

（4）现场工作的基本安排，包括是否需要独立的办公室、办公室必备的条件如电脑等；如果现场在外地的话，如住宿、餐饮等也是必备的工作条件，需要提前沟通清楚。

第五节　现场调研

一、现场调研核心内容

现场调研的目的是透彻地了解我们所服务客户的具体情况。财税永远是结果的反馈，这个结果牵涉几个问题。首先，问题主体确认，风险、财税结果是归属于哪个主体，该主体是一个还是多个公司；其次，出现风险或问题的原因是什么；最后，财税风险及财税结果的具体数据是什么。因此，带着这个目的开展现场调研时，我们应当优先了解以下几类信息：

1. 客观资料

（1）公司基本情况。首先是工商注册登记信息，如注册资本、经营范围、股东情况。其次是历史信息，公司的初始经营日期，发展历程，关键节点及关键事件，是否有过收购兼并，股东是否有变化等，这些归属于历史信息。最后是关联伙伴信息，公司关联公司情况，产业链当中的位置，周边的配套公司，这些叫关联公司。了解这三大类信息基本上就形成了对一家公司的整体概括。

（2）公司业务情况。了解公司基本信息才能看懂公司的财务账，因为账来源于业务。所以在大致了解公司基本信息之后，就需要对公司的业务做一个详细的梳理。梳理业务情况包含四个层面的信息：第一，公司的产品信息，公司是卖产品还是卖服务，如果是卖产品，是卖材料还是卖成品、设备，还要了解公司所处的行业情况等。第二，公司的客户是谁，业务是面向B端还是C端，如果是B端的话，客户是国企还是民营企业，是大公司还是小公司，如果是C端的话，消费者的画像是什么样的，这些是客户信息。第三，公司的产供销流程，产品类公司最关键的环节是采购、生产、销售，我们统称为产供销，服务类企业也一样有产供销环节，但形态略有差异。在做产品收益结构的咨询项目中，就会对产供销环节了解得比较深入，有时候甚至会把每一个工艺环节都拆出来，因此产供销是关键信息。第四，公司核心竞争力。一个企业能够存活下来，一定是在某些方面比竞争对手强，客户也了解并认可这点。比竞争对手强的那个点就是企业的核心竞争力。有的核心竞争力是资源，有的是产品服务，有的可能是人。成本收益结构最重要的成本通常是与核心竞争力相匹配的。了解这四个层面的信息基本上就了解了一家公司的业务全貌。

（3）公司财税情况。了解公司财税情况一般需要熟悉四个部分的内容，即报表、账务、凭证、纳税申报。有些项目可能需要查看所有凭证，有些可能简略了解即可。不同的项目对财税情况的切入点不太一样，细致程度也不一样。

（4）重要合同。重要合同主要起验证作用，如果只看基础材料，信息可能不全面，合同是各事项的关键落脚点，因此很重要。采购、生产过程、销售等环节的合同，以及一些重要的服务合同都是重点。

（5）重要制度。公司的运营、产供销体系、财务系统等都是建立在规则也就是制度上的。一般我们会详细了解企业的所有重要制度，从而去识别哪些地方可能存在问题及产生问题的原因等。

2. 主观资料

（1）公司战略目标与未来方向。财税咨询不能脱离财税做业务咨询，因此对公司等战略目标和未来的方向一定要了解。如果单纯从财务的角度给建议、给方案，最终可能偏离公司的发展方向。因此在做财务方面的设计时，需要充分考虑公司的战略目标和方向，很多重要的决策会对企业的整体财税架构产生深远的影响。

（2）公司基本管理思路。公司由人管理，在管理的基础上，又要结合一定的制度规范执行日常的管理运营。有一些公司非常规范，可以完全靠规则、靠制度管理，但在制度、规则之上，也需要有人的辅助。管理思路与财税的风险和结果相关，比如业务和财务的衔接不到位，配合方面容易出问题，导致出现这个问题的根本原因在于管理思路。因此在做财税咨询时，公司的基本管理思路也是非常重要的信息。

（3）公司高层对财税的基本看法和底线。财税咨询师给出的方案会牵涉到高层对财税的看法，有时候也会牵涉到底线的问题，如果风险已经非常大了，但老板觉得不重要，那咨询师就没办法给方案了，因为大家的认知都未达成一致。因此一定要了解老板对财税的基本看法和认知，并且通过我们的专业知识输出来影响老板的认知。

（4）公司高层对本次咨询的真实想法和目的。高层对咨询的真实想法和目的是与期望值管理息息相关的。在项目启动会上要注意期望值和目标管理，现场调研阶段仍需关注。如果客户没有把自己真实的想法告诉你，咨询项目就做得比较困难，因为他的想法你不知道，你做出来的和他的认知不一样，他就不会满意。咨询项目也是不能靠猜来完成的。因此在现场调研阶段，会再次跟高层沟通，提示对方：你们想要的是什么？我们计划按这个方式去做，你们要再次确认。

二、现场工作的基本沟通原则

在现场工作阶段，除了看纸质资料外，在很多情况下可能需要跟高层交流，有的甚至需要进行专门的访谈。再加上项目过程中需要双方的配合衔接，所以在现场工作这段时间，交流和沟通就显得非常重要。我们总结了三点沟通原则，可供参考。

1.通过双方项目负责人沟通，切忌越过负责人

在项目启动会上双方都确定了项目负责人，咨询公司方一般是项目经理，客户方一般是财务总监或者主管财务的副总，因此在沟通信息时，一定要通过负责人来沟通，切忌到处乱找。财务工作本身有保密的要求，到处找可能无法保证不泄密。

2.项目组内部每天下班复盘当天工作

每天下班前，建议复盘当天的工作，有问题不要留到第二天。在前期做好了整体项目推进计划及分工后，我们已经对项目设定了自己的目标和期望值，但在做项目的过程中，仍旧会出现计划赶不上变化的情况，因此我们需要根据新的变化对工作计划进行调整，这就要求我们及时复盘，及时解决问题，确保工作顺利推进。

3.项目部内部沟通注意场合

在客户现场办公，项目内部很多问题的交流都是受到周边环境影响的，因此场合非常重要。财税本身有很多争议的问题，所以两个人看法不一致的情况很常见，比如项目负责人和第一助理间就某一个专业问题，大家存在分歧，那么沟通的时候就要注意场合，切忌在客户面前起争执，以

免影响客户对团队的评价。要做到内外有别，内部问题内部解决。

三、现场调研的三个基本方法

1. 数据采集核对尽量标准化

不同项目要采集核对的资料不一样，有一些项目要采集全部账务信息，有些项目可能只需要采集某一个阶段的数据，有些项目甚至只需要采集某一些科目的数据，这个时候要注意采集跟核对的标准化。首先，要保证思维的统一，团队所有人都知道我们要采集哪些数据、采集这些数据的目的是要做什么、采集这些数据要达到什么样的程度。其次，要保证格式统一，数据呈现的结果是以年为单位还是以月为单位，这个属于格式统一。最后，要统一数据采集的方法，是自行采集还是从已有账目中导出，复核的方法和标准如何设定，这些属于方法统一的问题。数据采集越标准化，工作的效率越高。

2. 资料查看与关键访谈相结合

调研的时候我们有客观信息和主观信息，我们需要确保客观信息与主观信息相互印证，如果信息彼此矛盾，则一定有虚假信息存在。所以，在查看资料的时候，也需要结合关键访谈来开展核证工作，确保主观信息与客观信息相互印证。

3. 特殊资料和数据必须注明出处

如果信息来源于已有的公司账目，那么我们直接提取即可，但如果有一些账上没有的数据，或是对方临时提供的数据，这种情况，我们需要备注出处，要有数据交接的过程。尤其是一些主观数据，在带有一定判断的情况下，要对数据进行备注标记，避免后期推卸责任，发生纠纷。

第六节 方案设计

一、吃透资料是基础

对企业而言，所有的财税咨询方案，本质上是业务逻辑，因此业务逻辑及财务数据这两个方面必须搞清楚，这是吃透资料最重要的基础工作。拿到资料之后，我们需要对资料进一步完善和加工，有些时候还需要加以补充，这样才能深入了解资料背后的业务逻辑。

在现场工作中，我们搜集了客观资料和主观资料。在公司的客观资料中，公司的业务情况及公司的财税情况是核心。因为所有的财务问题来源于业务，解决方案也隐藏在业务当中，所以对于公司的产品、客户、产供销流程以及核心竞争力，必须搞清楚。在财税情况信息中，账务凭证、纳税申报要匹配财税情况，很多有瑕疵的地方往往就是风险所在，对它背后的业务逻辑要吃透。还要注意合同前面的信息是不是真实的；产供销体系要看外部，也就是上下游合同；制度落实要看内部合同，财税的审批流程也可以对资料进行验证。总之，对公司的业务及财税的重新梳理和整理是最重要的，财税咨询师需要在吃透资料的基础上，进行再加工提炼。如果没搞明白这些信息，那么你看到的就都是很肤浅很片面的数据，很难深入公司的经营实质中去，最后出来的解决方案也一定有问题。

在深入解读客观资料之后，还需要看主观信息。因为公司是有生命周期的，客观资料代表过去的结果，而企业领头人的决策很多与财务有关联，代表了企业未来的路要如何走。因此在咨询中，一定要通过访谈，了解一些关键的主观信息，我们前面调研阶段提出有四类主观信息非常重要，即公司的战略目标与方向、基本管理思路、高层对财税的看法和底线、高层对本次咨询的真实想法和目的。这四类信息是对前面客观资料进一步的理解，在公司的战略目标与未来方向中，有上市计划的公司和没有上市计划的公司是不一样的，二者在企业的规划程度、合规性要求、关联交易等方面都存在差异，因此企业的战略规划和方向会对财务的整体设计产生影响。公司的基本管理思路与文化氛围相关，老板更关注过程还是结果，老板对激励方式的倾向性以及企业的分享机制成熟度，这些都是要与老板沟通才能了解的，而很多方案都跟这些信息相关联。公司的高层对财税的看法和底线决定了方案的底线，财税咨询师的底线和老板的底线是不一致的，在我们出方案之前，要提前沟通好大家对底线的认知。高层对咨询的真实想法和目的也是我们努力想达到的目标，有时候话可以讲透，有时候却不需要讲透，这里面的差异就是真实的目的和期望值的问题。如果对这个核心问题没有深刻的认知，方案最后偏离老板预期的概率就会加大，因此了解老板的期望和目标非常重要。

吃透资料，本质上就是财税咨询师对庞大的资料和数据系统做归纳、提炼、总结工作。这个工作是咨询项目中最具挑战性的。我们介绍以下三种常用方法供大家参考：

1. 企业产供销思维导图

企业的产供销思维导图可以最快的速度了解一个公司的实际情况，如果没有思维导图，那么所有的信息都是一个散点，没法形成完整的思路。将公司内部的生产模块、销售模块以及外部的供应商模块三大模块中所有的供应商梳理清楚，知道哪些原料需要采购，生产过程中有哪些环节和技术流程，哪些是自己做，哪些是外包，销售给谁，有哪些不同的销售渠道，哪些不同的客户，把这些信息完整地画出来，这个时候你对公司的产供销体系就算是了解清楚了。

2. 项目或事件历史沿革

对于企业经营而言，有些活动是有周期的，我们要把重要的事件或重要的项目的历史沿革画出来。比如一个房地产项目，什么时候立项，什么时候拍地，什么时候拿土地证，什么时候出规划，什么时候拿到施工许可证，把这个脉络梳理清楚，就是一个项目的历史沿革。历史沿革对于了解一件事情有非常重要的意义和价值。

3. 复杂交易的路线图

如果企业发生过收购兼并交易，就有很多需要考虑的点。比如财务问题，资产处置问题，资金的进出和借款问题，风险剥离问题，后续的股权过户问题，款项支付问题以及内部管控问题，这些都是在股权转让或收购兼并交易中经常遇到的问题。它非常复杂，需要我们通过画交易路线的方式，参照时间节点把所有事项梳理清楚，形成交易路线图，以便厘清思路，识别问题及风险。

二、形成思路是关键

1. 思路是咨询方案的灵魂

对于税收优化类咨询项目来讲，思路就是解决路径。在生产类企业的产供销体系中，我们思考通过哪些方法分解公司的业务，以达到拆解利润，从而适用小微型企业的优惠政策的目的，这也是一个简单的思路。

有时候，思路是逻辑框架，例如账务整改类的。整理了3年的账后，发现500个有小问题的凭证，这时就需要基于这500个问题凭证重新梳理逻辑框架。比如分为财务核算类、税务风险类、内部管理类，每类再细分为核算类、原始凭证类等。这个逻辑框架搭好后，就形成了报告的思路。

有时候，思路也是管理的抓手。对于内控类项目，岗位的设置、流程的安排、制度的完善，再加上管理报表、全面预算，这五个管理类项目的抓手就是五个管理思路。

2. 思路需要论证和反复推敲

一个思路的形成会存在瑕疵，需要通过反复论证才能加以完善，而这个反复论证的过程包括内部论证和外部论证。内部论证就是团队内部论证，外部论证是在比较复杂的项目中，一般会请外部专家来参与论证。

3. 复杂思路与客户进行沟通

对于思路是否需要跟客户沟通没有标准的答案，从过往的项目经验来看，我们认为是否需要与客户沟通取决于思路本身。原则是清晰简单的思路一般不需要沟通，涉及对方决策的思路需要沟通，以及涉及较为复杂的落地实施的思路需要沟通。

三、报告设计是亮点

1. 正常咨询报告基本框架设计

正常的咨询报告一般包含三方面内容，首先是现状描述，其次是对企业现有问题的说明，最后是你给的解决方案。现状板块有三个部分，一是公司的基本情况，二是业务情况，三是财务情况。其中涉及具体问题的说明，如交税多少、风险大小、股权设计不够优化、产业链设计不到位等，有时还会加上特殊风险提示。

2. 特殊咨询报告基本框架设计

顾问报告略有不同，因为顾问是要对某个时间段内某个范围的很多事情进行咨询和解答的，因此常规的报告逻辑不适用。在顾问报告里，第一部分要汇总全年的咨询服务情况，比如全年上门次数、面谈次数、电话沟通、微信沟通之类的数据，这些主要依靠平时的记录。第二部分要对全年问题进行汇总，如全年的问题一共有几类。第三部分要对企业的未来提出建议，不管顾问服务是否继续，都需要提出几点建议。最后部分可能会把前面提到的服务数据作为附件放到报告里面，以佐证我们的工作成果。因此顾问咨询与其他咨询的报告有所差异。

四、报告质量是保证

1. 报告的四大要素

一个好的质量报告需要具备四大要素：主题鲜明、论据充分、结构清晰、文字流畅。写东西的逻辑非常重要，一定要结构清晰，让不了解报告的人也能够读懂这个报告，这才是好报告。

2. 报告的呈现形式

咨询报告需要加装封皮并且需要专业的装订，这是基本要求。另外，在内容的呈现上，要考虑采用色彩、表格形式设计、是否添加 Logo 等内容。

3. 报告的风险防范

报告内容是否合法合规，能否给税务局看，这是对报告风险的基本评估。报告的措辞、设计，一定要合法合规，对自己负责也对客户负责。

4. 报告的质量责任人界定

公司级的报告有三级复核机制，是指报告底稿应由团队负责人、项目负责人和审核人对报告底稿进行逐级复核的一种复核制度。因此报告的三级复核过程中，这三个人都要负关键责任。

第七节　方案汇报

一、方案汇报与报告的异同

财税咨询最后交付的不是咨询报告，不能把咨询报告交给客户就认为是完成交付了。把报告里面的精髓、最关键的内容提炼出来，在最短的时间内，让客户了解、认可，并按照我们的思路去操作，这才是方案汇报的内容。在整个咨询过程中，方案汇报是咨询项目成功的关键所在。咨询报告与汇报方案核心的东西是相通的，但两者的形式、侧重点不太一样，作用也不太一样。

1. 内容不同

方案汇报与咨询报告同出一源，都是为了把咨询项目做好，也都是建立在整个方案的基础之上。报告是详细的完整的方案表述，但重点不一定突出；方案汇报则不需要太细，但重点必须突出。除了方案本身，方案汇报可能还需要沟通更多的内容，比如后续的工作步骤、所需资源、相关配合、后续的落地工作计划等，这些信息一般不会在咨询报告里面出现。

2. 作用和对象不同

咨询报告的主要目的是方便客户查阅，需要很清晰地把内容陈述清楚，让客户把整个报告读清楚搞明白,咨询报告的对象通常是财务负责人。但方案汇报的主要目的是聚焦,针对的对象是老板,需要我们把精华的部分在比较短的时间里汇报给老板,让老板明白整个方案的精髓和灵魂。

3. 沟通渠道不同

咨询报告通常是单向的沟通,主要采用书面报告形式,把咨询报告打印装订好交给客户即可。方案汇报是书面加语言的沟通,并且是面对面的双向沟通。书面阅读往往存在信息传递误差,容易导致客户不能完全清晰地了解报告的核心内容,通过方案汇报,以面对面的方式沟通,如果有理解上的问题或歧义,大家可以马上提出来并解决,这是一种更高效的沟通方式。

二、方案汇报会关键要点

1. 确定汇报参加人

一般有两个核心人员,一是老板,二是财务总监。在整个咨询项目中,老板的决策做与不做,在调研阶段可能涉及与老板进行战略方案的访谈,最重要的一步就是方案的验收,因此在方案汇报中,老板不可缺席。大部分情况下,财税咨询方案最后是由财务总监实施落地的,他是项目的主导人和落地人,因此财务总监一定要参加。此外,还会有相关方,具体因项目和客户情况而异。有一些项目的相关方可能牵扯到主管财务的副总,或者方案落地相关的业务人员。正常情况下,参加汇报的人越少越好,因为财务方案涉及客户的机密以及咨询公司的机密。因此客户方最少是两个人,相关人员视情况参加,越少越好。咨询公司方需要整个项目团队参加。有时候在汇报过程中客户方可能会提出其他的要求,比如询问是否可以邀请律师参加等。一般情况下，建议尽量不邀请外部团队参加，以减少节外生枝的可能性。方案需要律师提供意见，这没有问题，但整个咨询过程律师并没有全程跟进，有可能会提出太多问题而把整个方案汇报会的方向带偏，因此方案汇报要聚焦，参加人越少越好。

2. 关注PPT质量

汇报过程中有主汇报人，通常是本次咨询项目的负责人，有时候也可以是第一助理，要求主汇报人语言表达能力强。在方案汇报前需要准备好PPT，相关的数据、核心内容、图表等关键信息可以通过PPT来展示，比直接的口头沟通要方便，因此PPT必不可少。需要注意的是要把咨询报告的内容浓缩到PPT里，目的是让老板听得懂，通过老板更高格局的消化，客户的财务人员既能够掌握财税的专业路径设计，又能清楚地了解老板的思路，这样才能使方案更好地落地。PPT的设计要简洁明快，不能太随意，也不能太花哨。

3. 系统汇报是关键

第一，要重申咨询的初心，把最开始做咨询项目的目的、需求及咨询公司的承诺回顾一下，围绕项目目标展开咨询，避免方向跑偏。第二，回顾咨询的过程，对咨询合同签订、进场调研、方案设计、咨询报告输出等各个环节进行回顾和总结。第三，紧抓方案，提炼方案的核心内容。整个方案汇报要关注计划的落地实施，把这个方案提出来，与现场的人员沟通清楚，再提出和商量后面的内容。落地实施建议做一个计划，强调双方的配合，在整个咨询过程中，我们始终是第三方，很多工作需要客户实施操作，我们要区分工作的界限，同时也要客户配合，才能最终落地方案。

三、方案汇报中的过程掌控

方案汇报会的重要性不言而喻，围绕汇报主题开展沟通讨论是达成目标的主要路径，因此开好方案汇报会，过程掌控非常关键。结合以往经验，我们总结出以下四点注意事项供大家参考：

1. 不纠缠具体问题

方案汇报会的目标是，让老板听得懂，让财务跟进老板的思路，拥有更大的格局。但在这个过程中，要特别小心，财务有时候会聚焦在一些具体的点上，在汇报会上，财务会就某一个点来继续讨论这个事情。这些事情与会议的目的无关，讨论太多会让会议主题偏离方向，因此要注意，汇报会要避免纠缠在具体问题上，可以把具体的问题放在汇报会后慢慢细说，会上以大思路、大方案、大方向的澄清为主。要注意，财务人员在整个咨询项目中，他们的角色是存在冲突的，大多数时候，财务人员希望通过外部专业团队的介入，提升公司的财税管理水平，但同时，他们又担心如果咨询报告披露问题太多，会不会降低自身形象，影响自己在老板心中的评价等，这个时候，财务人员大多有自我保护的心态。而自我保护心态可能会导致方案汇报会上，财务人员就某一个点，反复纠缠是非对错，这种情况下，争个谁对谁错并不重要，反而容易把事情搞砸，因此建议避免在某个具体问题上纠缠。

2. 严格按照预先会议流程进行

常规会议流程，首先是开场，建议由咨询公司一方做主持人，这样有利于控场。其次是开始汇报，由咨询公司汇报方案注意内容，过程中建议不打断汇报。再次就方案的问题进行讨论。最后讨论结束后，制订后续的工作计划。方案汇报会的四个环节，建议按既定会议日程进行，不要随意调整。

3. 节外生枝的问题会后说

每一次汇报会的前期准备工作很重要，但总有准备之外的问题出现。如果出现了意外，可以引导客户先不急于解决具体问题，可以在汇报方案后再沟通。没准备的问题，大家沟通的结果效果不好，会影响方案的汇报进程，客户也会因此对我们的交付结果评价大打折扣，所以在出现这种问题的时候，应回归到汇报的主要目标上，要分清主次，其余问题找汇报外的时间说。

4. 警惕引发财务人员反弹

财务人员有自我保护心态这很正常，要解决这个问题，首先，在方案制定过程中，一定要和财务人员沟通，让财务人员心里有底，汇报的内容要避免翻财务的老底，从而引发财务人员的担心。其次，在汇报的过程中，尽量避免谈具体问题，财务人员实际上纠结的是具体问题，而方案谈的是大问题，所以会场上不要纠缠细节。

第八节　方案落地

方案落地是整个咨询过程中比较有难度的环节，咨询工作形成的方案，最终要能够落地实施，达到业务管理和财务管理的完美结合，才能最终实现真正的价值。在这个过程中，落地往往是最难的。方案讲理论，"纸上谈兵"容易，但要把理论运用到实际工作中却比较困难。在落地过程中，有一个两难的境地需要我们留意，那就是成本控制与客户满意度之间的矛盾。设计一个更贴合客户更具落地性的方案，要花更多的精力，要安排更多的人员，但如果这样，咨询项目的成本就会很难控制。如果你以控制成本为主，所有工作点到为止，客户可能又会不满意，怎样做好平衡工作，把咨询方案做得既高效又有成效，这是很大的挑战。

一、落地实施阶段工作方式

落地实施阶段的工作方式最重要的一点，是做一个咨询工作的协作推进表。在项目的方案汇报会之前，大部分工作是由财税咨询公司在推进，我们有自己的工作计划表。汇报之后，主要的工作是要咨询公司和客户共同开展的，也需要有一个协作推进计划表。协作推进计划表建议要有几个关键内容，首先，要在既定的落地目标下，对相关工作内容进行拆分；其次，要确定相关责任人与配合人，这样才能保证各项工作都能找到对应的负责人；再次，要确定各项工作的完成时间，这样每项工作都有相应的完成时间节点；最后，每周滚动更新状态，确保各项工作有序推进。在这张协作推进计划表的帮助下，项目落地实施才能有效推进，不至于相互推诿，以确保实施阶段的工作相对可控。

二、落地实施中的工作边界

咨询服务最重要的就是边界，如果边界分不清楚，最后的结果可能是做了很多事，但客户依然觉得你做得不够，依然不满意。因此在落地实施过程中，需要相互协作开展工作，一定要警惕对工作边界的认知。

第一，第三方服务不要越俎代庖。比如审计、评估、工商、代账、实施、见证等，都是第三方服务。咨询公司的工作，就是方案制定和协助推进，与其他第三方服务相关的工作则尽量由客户找其他的专业机构来做，打包到咨询项目中既做不好，又影响专业度。且第三方服务客单价低，又不是我们专业所在，我们聚焦在专业技术能力和落地实操能力上为好。

第二，不要代替客户决定。很多时候我们都有选择，比如要成立一个技术研发公司，这家公司是成立在本地还是北京、上海、成都，客户有很多种选择，面对利弊权衡，我们可以陈述清楚，提出相应的建议，但最终的决策权只能交给客户，我们切忌代替客户做决定。没有完美的决策，很多时候，决策都带有主观性，哪怕客户方老板自己的决策也可能存在一些风险，因此要规避这些风险，由客户自主决策。

第三，不要代替财务工作。这个比较容易理解，我们咨询公司是出方案的，但我们不能做着做着把自己变成了客户的财务人员，财务的工作，由财务人员做，如果公司没有财务人员，也只能等他们招来人，我们替他们培养。

第四，不要兼职财务总监。很多咨询师用心很好，围绕让客户满意的目标，认为多做工作也没有关系，但他们做着做着就会发现问题，因为工作边界不清晰，哪怕你做的很多工作已经超过合同范围，客户仍然觉得不够，还想让你做得更多，这是最容易起冲突的地方。无论是谈判阶段、签合同阶段、做方案阶段还是最后的方案落地阶段，一定要围绕边界来做。只有定位清晰，工作才能干到位，边界才能清晰，工作效果才好，才能判断工作的好坏。

三、服务节奏与截止时间

什么时候去客户公司，多久去一次，这些问题就是服务节奏的问题，根据合同约定执行即可。落地实施阶段什么时候结束，这就比较重要。首先，对于落地实施阶段是否与付款节奏挂钩的问题，我们建议在合同签订时不要将实施结果与付款节奏挂钩。但谈判的原则不一定能完全落地，在很多情况下，客户会压一笔钱，直到最后落地实施阶段才结清，在这种情况下，结果的核实就变得非常重要。即使不与付款节奏挂钩，给项目一个完整的结束标志也非常重要，所以，我们要约定好落地实施阶段的工作结束标志。比如财税整改项目，严格来讲，将方案里要求的所有整改项目全部落实，工作就结束。结束的标志结合具体事项和时间点确定，专项服务通常三到六个月比较正常，一定要把时间写上。

四、如何面对阻力与调整

在企业实施方案的过程中,会遇到很多阻力。比如政策变化,使方案必须调整,老板也可能动摇。不管是税务的优化、财务的管控还是企业顶层架构的设计,要改变原有的理念拥抱新的东西不是一件容易的事,在这个过程中,老板可能会遇到一些干扰,对方案本身产生动摇。有时候动摇也可能是来自财务人员,财务人员觉得麻烦,或者认知不一致,可能会动摇业务,阻挠方案实施。有时也会面临来自业务的阻力,财税咨询从财税问题切入,但业财融合必不可少地要涉及业务的调整,业务是否配合最终决定了方案能否顺利落地。

所以当出现这些阻力的时候,要特别警惕,及时发现,及时调整。从阻力的来源,去思考方案的初衷,如果意志力不坚定,则需要解决坚定信心的问题。如果是政策调整等客观原因,那么方案的确需要调整,这种调整必须在我们容许的范围内,不是方案本身错了,而是针对客观因素的变化进行一定的微调。我们需要跟客户沟通清楚,微调是正常的,重要的是通过大家的努力,方案尽可能落地,达到项目的目标。

如果方案的确需要调整,在这种情况下,谁去承担责任也要澄清。如果是咨询公司的问题导致方案调整,要勇于承担责任。如果不是咨询方案有问题,就要与客户一起,把问题沟通清楚。在既非客户也非咨询公司的责任时,要大家共同沟通协作,避免深究责任,而转向以项目落地为核心,面对现实,把方案落地好。无论是谁的责任,最重要的是交流沟通,获得客户的认可,本着把事干好的目标,相互理解协作。

第九节　项目复盘

很多咨询公司把完成项目收款作为项目的结束，后来发现，项目的好坏不是绝对的。做得好的项目，也有一些地方不尽如人意；做得不太好的项目，也有一些亮点。客观地把这些好的点梳理出来，并分析背后的原因，从而更好地指导未来的咨询工作实践，是一项非常重要的工作。我们把这个工作叫作项目复盘，通常一个咨询项目做完并复盘后才叫真正的项目结束。

一、项目复盘的意义

很多人认为复盘就是总结，其实并不完全正确。总结是复盘的浅层次表现，而复盘是总结的深层次延伸，两者还是有区别的。

首先，总结是对过去的工作画句号，而复盘不是画句号。复盘最重要的意义是要告诉我们，未来的指导在哪里，有哪些可以改进的，哪些教训要吸取，通过复盘，我们做一套标准化的东西，指导未来的咨询工作。

其次，两者的深度不同。总结说得更多的是哪里做得好，哪里做得不足，复盘则要求在此基础之上延伸，问为什么做得好，为什么做得不好，不好的原因在客户还是自身，是沟通问题还是市场环境问题，且要在原因之外找规律，复盘的要求一定是在总结基础之上更加深入地延展，目标一定是指导未来。

最后，范围不同。总结更加偏重个人，公司层面也可以总结，但复盘更偏重个人加团队。

二、项目复盘关键点

1. 咨询项目目的达成度分析

所有的客户都是带着期望值来咨询项目的。我们除了要赚咨询费，也想赢得客户的尊重，有些项目可能不赚钱，但我们希望能够建立长期的联系，每一个项目咨询方的目的和客户的目的不完全相同。在复盘过程中，首要分析客户的目的是否达成。

2. 项目各重要阶段复盘

第一，对于项目成交阶段的复盘，对内部复盘来说意义重大，分析客户如何下决心最终做项目，有哪些地方打动了客户，我们需要通过复盘来找到那个打动客户的点，或者是消除客户疑虑的点，从而指导后续的项目成交，这个对咨询团队的价值最大。

第二，项目合同谈判与签署中，是否存在问题，合同条款有没有需要后续改进的地方，哪些条款导致后续工作很被动，这些是复盘时需要关注和规避的问题。

第三，项目前期的调研复盘，团队结构是否合理，工作方法是否需要优化，工作时间节点安排是否合理，标准化的东西是否到位，数据采集的准确率是否足够，这些都是要在调研工作复盘中进行总结和提炼的。

第四，项目汇报中的问题复盘，参会人员是否安排合理，是否按照既定议程开汇报会，是否存在因为争议问题而导致汇报目标偏离的情况，这些用来作以后续改进参考。

第五，项目落地实施中的问题与复盘，是否存在工作边界不清晰的问题，是否存在代替客户作决策的问题，如何在后续的工作中加以规避改进，都是要复盘的内容。

3. 项目团队安排的问题与复盘

要从个人出发，从团队、项目负责人、客户的角度出发，去思考项目整体的安排与节奏的把控。比如主讲人的安排顺序是否合适，任务和团队的组成是否匹配，是否存在人员冗余或者人员不足的情况，这些都是团队安排的复盘。

4. 复盘成果整理

公司项目完结后，资料需要归档，最后要形成一份复盘报告，存档整理。

三、外部复盘关键点

对咨询公司而言，外部复盘就是站在客户的角度对项目进行复盘。在咨询实施过程中，经常会存在一些问题导致项目推动受阻。出现这些问题既可能是外部客观原因，也可能是个人主观原因，还可能存在特殊情况。归纳起来，大部分问题最后都是认知的问题，比如价值观问题，由于财税问题处理中的个人对风险的认知最终阻碍方案实施。如果是认知问题，要尽量想办法统一认知、统一思想。因此外部复盘的关键，是客户的满意度，要站在客户的角度复盘。首先要再次澄清客户咨询服务的初心，然后拿方案来比对，我们通常会拿一张表来列举客户的目标，即实际落地方案中建议推进的各项工作，分析哪些项目做成了，哪些项目没做成，没做成的原因是什么，等等。最重要的是要在对方的项目推进出现障碍的时候，帮助他们复盘，站在客户的角度去分析，为什么这件事推进不下去，是否有改进方法，与客户一起努力，能做的都做，客观因素导致做不了的也要与客户沟通，说明原因，竭尽全力让客户满意。

四、内部复盘关键点

有的咨询项目周期比较长，可能会超过一年，因此在这种情况下，如果等到项目结束后再复盘可能会延误时机。一般情况下，项目的复盘建议多次进行，顾问复盘以时间为节点，可以项目结束时复盘；专项的项目正常是结束复盘或者两次复盘，两次复盘时，第一次可以是在方案提交开始实施的时候，第二次是在项目落地实施时复盘，因为落地实施是最困难的；咨询项目时间周期长，建议至少复盘两次，方案出台汇报后第一次复盘，最终落地后第二次复盘，中间如果有变化，可以临时复盘。

内部复盘中，要强调四点：第一，打动客户的到底是什么？第二，客户在咨询中真正想要的是什么？第三，重大的失误是什么，如何改进？第四，最终客户的满意度如何？

第五章

财税咨询要点与注意事项

第一节　财税咨询师谈单的五大要点

很多时候，一个项目能否谈成，与企业的品牌、团队的专业能力、咨询师的专业能力息息相关。但在整个谈判过程中，沟通是最重要的。咨询师的专业能力强并不代表他们的沟通能力也强，也就是说，懂专业的人未必懂谈判，因此，怎样谈判能够提高项目的成功率，也是我们咨询师需要学习和反复锻炼的。谈判所需要的能力没有标准答案，我们根据过往的经验，总结了以下几点供大家参考。

一、理性处理咨询师与客户的关系

咨询师与客户的关系如何把握，我们在前面谈过，这里再强调一遍。咨询师和客户的关系比较复杂，它是一个双层关系的融合体。首先，这是一个甲方和乙方的关系，客户付钱，我们提供服务，我们作为乙方，要让客户满意。其次，我们又是独立第三方的角色。这要求我们在面对客户的时候要融合这两个角色，有时候要扮演乙方之于甲方的角色，有时候要充当第三方专家为患者诊治的角色。为客户创造价值是充分发挥乙方服务角色的需要，但在一些关键点上，坚持独立第三方专家的视角，维护专家的形象也是必须的。也就是前面提到的不主动、不拒绝、不负责的要求。简单来讲，我们在谈判的过程中，要充当专家的角色，这样客户才能更加尊重你、认可你，才能接受你的报价。在服务的过程中，要发挥乙方的角色，按照合同约定，不折不扣地提供服务。

二、选择适当的谈判方式

面谈还是电话谈判，这两者的本质并无不同，但在很多实务中，却经常遇到翻船的地方。与客户的沟通主要有三种情况，即电话沟通、视频会议、面谈。效果最好、最关键的是面谈。因为人和人的交流不是单方面的信息输出，它需要互动，交流是更重要的，当然这里的交流也并非语言或文字，而是指综合的交流。综合的交流需要看到对方的形象、表情、语言，将这几个要素综合在一起作出最终的判断。而视频会议、电话沟通均不能达到这种精准判断的效果。因此面谈的效果最好。

电话沟通适用于前期沟通，在大家还不认识，或朋友初次介绍的情况下，是不太适合直接面谈的。这个时候可以通过电话沟通的形式，找企业的负责人或者财务总监，先了解客户的基本情况。但电话沟通、视频会议都是辅助性的沟通，真正决定性的沟通还是需要通过面谈来实现。一旦面谈过，后面不管是电话还是多人视频都没问题。多人视频沟通主要在后期项目执行阶段采用，为了提升沟通效率。

三、掌握谈判主动权

第一次接触，建议邀请客户来公司沟通。因为我们在谈单阶段应该当一个医生的角色，医生是不会去找病人的，所以身份设定非常重要。我们认定自己是专家，就应该朝专家的方向塑造自己的形象，因此第一次沟通，通常建议客户来公司谈。在什么都不了解的情况下，直接与客户沟通是不利的。当客户带着问题来的时候，有两种情况，一种是谈成项目，另一种是口头解答了问题但没有谈成合作。即便是在没谈成合作的情况下，作为财税专家的咨询师回答了客户的问题，也是卖了一个人情给客户。

当遇到身份差异比较大的情况下，我们可能会在初次沟通的时候去客户那里，比如对方是上市公司的老板，那第一次你邀请他到公司沟通的难度比较大。这种情况下，我们可以换种方式，比如邀请该公司的财务总监或总经理到公司来，先聊一下背景情况，然后再去客户公司进一步沟通，但要注意，去客户公司拜访的时候，一定要拜访老板。当然有时候首次沟通约第三方地点也是可以的，比如茶馆，这样大家没有太大的心理压力，环境相对轻松。这个主要看具体需求，总之在这个环节，重点是价值塑造。

四、选择有效谈判对象

在咨询谈判的过程中，有可能会遇到财务总监、总经理或者老板。从决策角度来讲，最核心的就是老板，所以沟通的基本原则是越早见到老板越好。在大部分公司里，财务的真正决策者是老板，总经理可能会参与，但他没有最终决策权。财务总监代表客户公司的最高技术水平，老板会要求他在财税咨询决策上作出判断，再结合老板自身的想法决策，因此在谈判过程中，财务总监和老板是最重要的。

财务总监和老板的角色不一样，公司是老板的，而不是财务总监的，因此老板更担心风险。实务中也可能会出现相反的情况，因为财务总监的专业能力更强，两者的底线不一样，利益也不一样，有些公司是强老板弱财务，有些公司则是强财务弱老板。因此在谈判过程中，要厘清老板和财务总监的心态，有效识别老板和财务总监的组合，把握好不同角色之间的心态差异，判断他们的根本需求。最理想的状态是第一次沟通老板和财务一起来，这样既高效又能充分决策。

对于实质性沟通的标准，通常是老板就需求与咨询师做沟通。咨询师与老板沟通有几个点，首先是沟通老板的真实需求，如果第一次沟通的对象是财务总监，那么跟老板沟通的时候需要澄清其需求。因为财务总监的视角和老板的视角所看到的需求不一样。其次是老板的风险认知是什么，也就是其风险底线在哪里。财税咨询师有自己的风险底线，但有时与老板的不一致，如果在这种情况下接项目就比较危险。要不就是你拿的方案太过保守，要不就是老板的方案超过了你的风险底线。最后是老板对未来的业务战略规划是什么。做企业架构设计的时候，老板对企业未来的战略规划非常重要，未来公司的发展重点、方向，会影响顶层架构的设计。

在与老板敲定项目大致方向后，后续的合同谈判阶段的具体细节，大部分是要与财务总监或者总经理来沟通。

五、合理催促客户

咨询的谈判是漫长的过程，它需要建立足够的信任感，且沟通的过程中客户也会作比较，有时也难免存在其他因素的干扰。所以要对咨询服务的谈判周期有一定的心理预期，有时候沟通完需求，几个月都没有回音，半年后又找到你，这也是有可能的。这就涉及下一个问题，要不要在这个谈判周期内催促客户。我们把咨询谈判周期内遇到的常规情况分为以下四类：

1. 初步沟通完客户没有回音是否询问，如何询问

第一次对方上门我们沟通完，客户表示要回去商量，或者与老板汇报

一下，过后没有回音，对于这种情况我们是不建议询问的。因为这个询问没有意义，他没回音一定是有原因的，要么他不想做了，要么他的想法发生变化了，要么这个事不着急，先放在一边。在这些情况下，无论哪一个原因，你问了反而不好。对方会觉得，你怎么老盯我这个事，是不是想赚我的钱？在这个情况下就会破坏专家的人设。

2. 实质性沟通阶段是否询问客户，如何询问

实质性沟通阶段一般已经与老板见过面，而且已经了解老板的需求和风险底线，通常情况下下一个阶段就会进入实质性合同谈判，有时候也可能报过价了。在这个情况下，需要与对方就后续设计进行沟通，比如在谈判的过程中，我们可能会根据对方需求做项目建议书，就当前项目给他们一个思路。通常把这个文件反馈给客户之后，如果客户继续对接，就表明会做这个项目，如果客户不再对接这个事，可能就搁置了。所以在给完客户项目建议书后，以一周时间为期限，如果一周内没反馈，可以安排团队小伙伴电话问一下，这也是尊重对方的表现。

3. 合同谈判阶段客户没有回音是否询问客户，如何询问

在合同谈判阶段大部分需求意向已经确定了，只需要再谈一些条款细节。如果合同模板已经发过去一周，可以电话催一下。这种沟通要有耐心，不能太心急，要给对方留思考和反应的时间。

4. 合同已签署客户不付款如何询问客户

合同签署后不付款的情况偶尔也会遇到，在这种情况下，要积极沟通。一般合同约定是签订合同后3天付款，如果3天还不见付款，肯定要问原因。看对方是否还有疑问，彼此可以再交流交流。

在整个谈判周期内，前期我们的身份是专家，后期我们是乙方，把握了这些基本原则，对应的问题都能得到比较好的处理。

第二节 财税咨询师做好项目的三大工具

一、财税咨询应用工具之税收优惠运用

初期的税收优惠政策是以区域划分的,很多优惠政策需要企业在特定区域内才可享受。比如之前针对高新技术企业的税收优惠政策,在高新区内的企业才可以享受。后来国家的税收优惠政策逐渐发展,淡化了区域特性,制定了针对特定行业、特定业务类型甚至特定交易的优惠政策。概括来讲,当前的税收优惠政策主要分为以下几种:

1.针对行业的优惠政策

(1)农业:国家大力支持农业发展,因此针对农产品的种植和初加工行业,既免征增值税,也免征企业所得税。

(2)软件行业:在互联网快速发展的背景下,软件行业发展迅速,这个行业支持了经济的增长,政府也给予相应的优惠政策。税法规定,软件行业增值税超税负即征即退、所得税研发费用加计扣除、企业所得税享受"两免三减半",此外,职工培训费用可按实际发生额税前扣除。

(3)集成电路生产行业:以芯片为代表的集成电路生产行业是当前国内重点发展的行业,也是发展难度最大的行业,因此国家对这个行业也

给予了大力支持。集成电路重大项目企业增值税留税抵税额退税，承建集成电路重大项目的企业进口设备可分期缴纳进口增值税，企业所得税享受"两免三减半"或"五免五减半"。

（4）合同能源管理行业：暂免征收增值税，企业所得税可享受"三免三减半"。

2. 针对特定类型企业的优惠政策

（1）高新技术企业：高新技术企业是国家重点支持的企业，税法规定高新技术企业的所得税为15%，且可享受加计扣除的优惠。

（2）小微企业所得税：要实现共同富裕的目标就必须使企业的主体更加多元化，因此税法也针对小微企业的发展做了对应的倾斜，以扶持小微企业的发展，形成"大众创业、万众创新"的局面。税法里面规定，小微企业按阶梯税率纳税，100万元以内规模的企业所得税税率是2.5%，100万元—300万元是5%。此外还有其他税收优惠。

（3）小规模纳税人：小规模纳税人本质上也是小微企业，税法针对小规模纳税人增加了一条税收优惠，免征增值税，也就是说小规模纳税人的收入可以直接开普票。

3. 针对区域性质的优惠政策

（1）国家层面的区域性税收优惠政策。属于普遍执行的政策，对企业的要求相对宽松，政策也较稳定。如大家都比较熟悉的西部大开发政策，规定自2021—2030年10年内，对西部地区的鼓励类产业企业，实行企业所得税按15%的优惠税率征收。海南自贸港的税收优惠政策也是国家层面的，规定2020年1月至2024年12月，针对海南自贸港地区鼓励类的企业，实行企业所得税按15%的优惠税率征收；针对鼓励人才、紧缺人才个人所得税实际超过15%的部分免征；外国货物进入海南岛的大多数货物免征关税；购入无形资产不超过500万元的可以一次性税前扣除；等等。此外，国家还规定新疆维吾尔自治区的喀什、霍尔果斯经济开发区取得第一笔收入之日起五年内免征企业所得税；国家还针对粤港澳大湾区，境外高端人才、紧缺人才给予补贴并免征个人所得税，在大湾区交个人所得税超过15%的部分给予个人财政补贴且补贴部分免征个税等。

（2）地方层面的区域性税收优惠政策。主要由地方政府出台的、在特定区域内推行的财税优惠政策。此类政策一般是为了适应区域政府某个时期内招商引资或推进产业发展的需要，因此时间不会太长，且要求高，稳定性较低。地方层面的税收优惠政策通常有两个主体，一个是地方政府出台的，另一个是地方税务机构出台的。

①地方政府出台的地方性税收优惠政策：如曾经的"税收天堂"霍尔果斯凭借税收优惠几乎吸引了全国的影视公司落地。

②地方税务机关出台的核定征收政策：规定针对个体户或个人独资企业的个税进行核定征收。这个全国各地都有相关的政策，只是核定的方式和比率有些差异。

（3）针对特定交易行为的优惠政策。如针对企业重组的税收优惠：税法规定，针对企业改制、资产重组、债务重组、股权重组、合并及分立等交易，免征企业所得税。增值税、契税、土地增值税及印花税也可相应减免。针对技术转让，可免征增值税，企业所得税定额减免。

4. 各地方政府的特殊优惠返还政策

（1）先正常纳税，然后通过留存部分进行财政返还。不同税种，地方留存的比例不一样。增值税规定是上交中央50%，地方留存50%；企业所得税是上交中央60%，企业留存40%，个人所得税与企业所得税保持一致比例。当然，地方留存的部分，由省级、市级及县级政府三级共享。需要注意的是不同级别政府的返还力度不一样。

（2）关注哪一级政府机构返还。一般情况下，省级留存的部分会参与返还，市级、县级政府返还会减去省级留存部分，省级直管县、省级给到地方享受省级财政权限的除外。

（3）关注返还力度影响因素。影响返还力度的因素有当地的留存基数、当地的返还比例、当地的返还条件、当地的财政政策稳定性。

（4）关注返还税种。返还的税种各不相同，需要留意，有些是返还增值税、企业所得税，也有少量的税种会返还个人所得税。在个人所得税部分，主要是返还股东分红、股权转让的个人所得税，以及"工资薪金"和"劳务报酬"部分的所得税。其他地方也会有一些小税种。

5. 享受优惠的实质性经营四大关键要素

前面我们提到有针对不同主体、不同区域及行业乃至交易行为的不同税收优惠政策，不同优惠政策都对企业的实质性经营提出了相应的要求。因此，在实际操作过程中，需要注意企业是否符合实质性经营的要求，才可无风险地享受对应的税收优惠。判定实质性经营的四大关键要素有：实际办公地点、实际工作人员社保所在地、账务处理和结算账户所在地及企业的资产所在地。以海南自贸港的税收优惠政策为例，要求企业同时符合四个标准才达到实质性经营的要求。

二、财税咨询应用工具之主体身份设计与调整

1. 纳税主体设计与调整

（1）投资主体身份设计。可以做投资的主体：自然人、有限公司、合

伙企业、个人独资企业，个体户和分公司一般不做投资主体。不同的主体之间存在差异，用自然人做投资主体，未来分红、股权转让要缴纳20%的所得税。法人股东做投资主体，分红不交税，但股权转让需要交税（税率20%—25%）。个人独资做股东与个人的差异不大，但可以改变纳税地点。合伙企业做股东一般用作投资领域，未来赚钱股权、项目投资，另外也可用来做员工持股平台。特殊目的公司，如夹层公司设置，用来处理企业经营中发生的回扣问题。不同主体的优势存在差异，需按实际用途使用。

（2）经营主体身份设计。不同经营主体存在差异。对于采用分公司还是子公司做经营主体有以下差异点需要注意。

表5–1　用子公司与分公司设置经营主体的差异

主体	分公司	子公司
经营主体	是	是
法律主体	不是	是
会计主体	不一定，大多数是	必须
纳税主体	增值税：是 所得税：不是，但在当地交	增值税：是 所得税：是
资质	不需要	需要
双方风险	无限	有限

在以一人有限公司为主体的企业中，老板的决策就是企业的决策，经营主体与个人之间难以区分，因此当通过一人有限公司去做企业风险隔离的时候，容易变成无限连带责任。当然这种劣势正好可以用于财富传承及风险免息分红上。个人独资及合伙企业的运营主体则对企业经营承担无限连带责任，因此不用于风险隔离。

表5-2 用一人有限公司、个人独资公司、合伙企业设置经营主体的差异

主体	区别	应用场景	筹划作用
一人有限公司（自然人100%控股）	风险可能被放大	1.保证企业风险隔离（不彻底） 2.分红免税	1.集中公司控制权 2.便于财富传承 3.风险隔离（防火墙） 4.转移定价（利用小微） 5.打通企业资金通道 6.法人企业分红免税
个人独资	法律风险被穿透	1.改变缴税地点（个税可以转移到任何地方） 2.通常有核定征收政策 3.主要适用个人劳务型或服务型业务（如咨询、设计、中介等）	降低所得税
合伙企业	法律风险被穿透	1.改变缴税地点 2.常见的有投资领域、员工持股领域	引入合伙人和股权激励不丧失控制权

（3）境内外主体身份设计。境外避税地主体设计通常就是上市时，在境外避税地设立公司以达到避税目的。比如按英属维京群岛的规定，在当地设立公司很多经营活动是免税的，这吸引了很多上市公司到该地进行资金交易。有的公司会选择在香港设立公司以达到在香港上市的目的。

2.商业模式设计与重构

（1）通过业务架构调整重构商业模式。有些企业商业模式走通了，但如果把税负也加入考量的话，可能会存在不盈利或亏损的情况。从企业经营的目的来看，这样的商业模式仍旧是失败的。因此我们需要考虑税的问题，通过调整业务架构，既能跑通商业模式，又能实现经营利润。

（2）通过调整交易层次来改变交易模式和交易结果。这里比较典型的案例是通过夹层公司的设定，来实现税率的降低。比如在自然人直接投资中间夹层公司案例中，若涉及经营分红，自然人要缴税，而经营主体分红

则是免税的。

（3）通过改变交易性质。税率与企业的经营活动相挂钩，同一家企业下，卖产品与卖服务所得收入应纳税额是不同的。比较有代表性的是餐饮行业，纯餐饮服务行业应纳6%的税，外卖打包服务的税率则是13%，这中间的差异是比较大的。

三、财税咨询应用工具之产业链条搭建

在财税咨询领域，通过搭建产业链条来解决企业财税问题的方式是比较常用的。当企业某些业务环节较难处理、自身经营风险较高时，一般可以通过搭建产业链条来解决。而搭建产业链条的主要方式有三种：将部分内部环节的业务采用外包模式、直接设立或控股上下游公司、直接设立风险隔离公司。

1. 将企业内部的业务外包给第三方公司

企业内部的业务，原来由企业自身员工负责，外包出去后，就出现了第三方责任主体。这个第三方责任主体可以是企业员工个体户，也可以是外部聘请的人。在针对外包模式的业务处理上，需要与第三方服务机构签订服务协议，把原来企业内部负责的与业务相关的管理、业务活动等外包给第三方。企业按照协议给服务机构支付最终费用，第三方机构给企业开具增值税专用发票。当把业务外包出去之后，业务相关的风险就转移出去了，有些要求也直接转移给第三方机构了。比如自有员工负责业务的话，员工干好干坏，企业付出的成本是一样的。而外包给第三方后，如果业务没干好，企业可以不支付费用。而且企业员工产生的成本，在增值税、进项税中不能抵扣，外包给第三方之后，员工的成本涵盖在企业开的专票里

了，可以抵扣增值税。总结下来，通过业务外包的方式，既能控制成本，也能降低劳动用工风险。

例如：某个工程项目需要招标，一般大项目启动前，都需要做专业的项目招标准备，如方案设计、工程施工、大型设备安装、文件准备等，这些都需要相应的项目招标。在不同的项目招标阶段，都会聘请相应的评审专家到现场进行评审工作，每个专家都需要支付相应的专家评审费。一般情况下，专家评审费是拿不到发票的，即使有发票，税务成本也比较高。针对这个问题，应该如何处理呢？

常规情况下，邀请专家参与评审比较困难，很多专家都不是直接干评审的，来参加招标评审需要通过各种渠道才能邀请到他们。一般情况下，评审完都是直接给红包作为劳务报酬的，要开发票的话基本上很难邀请到专家。而招标项目的评审专家服务费少则几千元，多则上万元，如果自己去邀请专家的话，这笔评审费用你还需要代扣代缴他的个人所得税，还要交增值税，整个税务成本就比较高。这个业务属于比较难处理的，比较适合通过外包的形式来做。比如在工程招标环节，就不再自己聘请专家现场评审了，而是直接外包给招标代理公司，由他们去找评审专家，并组织承办招标会议。会议费用不由公司直接出，而是通过他们统一开具的招标代理费用发票来支出。工程招标发票有增值税发票，可以抵扣，这样就大大降低了企业的税负，控制了业务风险。

常见的可以采用服务外包模式处理的业务较多，我们简单列举如下：社保代理服务外包、财务外包、仓储物流服务外包、员工食堂外包、物业管理外包、差旅管理外包、出差酒店机票业务外包、IT系统开发维护外包、电商代运营服务外包、市场促销活动外包、企业展览推广外包等。在当前税务增加、用工成本增加的外部环境下，外包形式对解决企业的财税难题的作用越来越大,需要大家灵活处理。

2.直接设立或者控股公司上下游产业链公司

这种方式较适合房地产行业,通过控股上下游产业链公司,来降低房地产上下游风险、降低税负的效果非常明显。房地产行业最大的税负就是土地增值税和企业所得税,如果把采购、建造、租赁等环节的利润流转到房地产公司,交的税就比较多。因此需要通过设立上下游产业链公司来进行分解稀释,从而降低整体税负。

比如原来通过房地产公司直接采购的大型设备、材料,如果通过设立独立的控股公司来处理,就会变成由大宗设备和材料公司采购原材料和设备,建筑工程公司负责项目建造,劳务公司专门处理劳务,设备租赁公司负责设备租赁,房产代理销售公司负责房产销售。这样围绕房地产的整个产业链就形成了各个关键环节的上游产业链公司。各个环节由产业链公司来负责,税率不统一按照房地产来计算,整体税负明显降低。

同样,我们也可以通过资产管理公司、商业运营工商、物业公司、酒店管理公司等房地产下游产业链公司来规避相应的风险,在转移部分利润的同时,降低房地产公司整体税负,实现税务优化。

3.直接设立风险隔离公司

在处理风险较大的业务时,我们建议把这块业务转包出去,实现风险隔离。如果无法转包业务,则需通过设立风险隔离公司来处理。比如销售业务中较为常见的回扣成本处理,这个是无法通过业务外包来处理的,这时候,我们就会考虑设立风险隔离公司来处理。比如设立非关联公司、委托持股等,以第三方平台为专业服务机构,通过网上平台来服务,这种方式比较适合批量业务,资金相对安全,效率也比较高,且可以追溯网上业务流程，能够验证业务的真实性。这样涉及工资、社保的问题如何解决呢？

这个时候就需要通过第三方灵活用工平台来解决。中介公司和灵活用工平台签订业务外包协议，并向平台支付服务费用，平台按结算金额及约定比例收取管理费，平台再按增值税专用发票抵扣进项税，扣除代理人个税后，向客户支付佣金。如果这些业务放到房地产中介公司去做，那么工资里的业务提成都拿不到进项税抵扣，而采用第三方平台就都可以开增值税发票，这样就很好地解决了中介代理人的劳务问题以及税负降低问题。当然在实际操作过程中，我们会发现灵活用工平台给代理人办理了临时税务登记，按经营所得核定征收个税，这样做，不管是由员工个人承担还是由企业承担都是可以接受的。

第三节　财税咨询项目管理四大要点

一、项目管理概念

1. 项目的定义

项目是在限定的资源及限定的时间内完成的一次性任务。具体项目可以是一项工程、服务、研究课题及活动等。

所以我们要看到，项目有两个限制，一是时间是有限制的，就是客户给我们的时间是有限制的。这个时间的长短不确定，有的是按年度约定，有的是按照工作进度约定。二是资源是有限制的，客户的钱就是资源，我们派出的人也是资源，通常这些都是有限制的。时间有限，因此我们要明确做哪些事情。三是咨询服务是一次性的服务。满足这三点就叫作项目。

2. 项目管理的定义

项目管理（Project Management）：运用各种相关技能、方法与工具，为满足或超越项目有关各方对项目的要求与期望，所开展的各种计划、组织、领导和控制等方面的活动。

计划、组织、领导和控制是四个管理要素，管理的职能也就是这四种职能。从咨询师的角度来说，我们做项目管理不仅是为了赚钱、为了把活干好，更重要的是满足各方对项目的要求与期望。其中就包含客户的期望，比如节税项目客户希望达到税收优化的目的，顶层咨询项目客户希望按自己的要求设计公司的架构。咨询公司也是有期望的，我们希望服务好客户，树立企业的品牌，甚至希望客户能介绍新客户给我们。完成咨询项目的咨询人员也是有诉求的，通过项目实施，得到客户尊重、获得项目经验、提升专业技能等。咨询项目的难点就在于兼顾各方的需求，让大家的目标都实现才是成功的项目管理。

3.项目管理三要素是质量、时间、成本

三者相互关联，时间耗费越长，项目质量越高，质量要求越高，耗费时间越长，成本也就越高。同样道理，想降低成本就有可能影响品质。因此项目管理是在这三要素之间找平衡，同时满足客户对项目质量的要求、咨询人员对工作时长的要求以及企业对项目成本的管控。

二、项目管理要素

1.准确定义你的项目

（1）客户期望值：客户愿意掏钱的原因，一定是他对项目有一定的期望。我们要清楚地知道客户的目标是什么，期望值是什么。

（2）可交付成果：这指我们能给客户呈现的东西，即可交付的成果。这些可能是一份咨询报告，有时候也可能是工作协作推进表，甚至在个别案例中也可能是帮客户起草审核合同。

（3）工作范围：与第二点有关联，工作的范围和边界即是明确哪些工作由我们做，哪些需要企业配合。比如通常我们不会替客户做账，也不会替代客户报税。很多出问题的项目往往是前期的边界没有梳理清楚，因此工作范围需要明确。

（4）项目预算：企业愿意付出多少钱决定了我们能够做多少事，每个咨询师都是有价值的，因此项目的工作量决定了我们的收费标准。所以要明确项目的大小，并匹配与之相应的人力资源。

（5）项目时间节点：前期调研、方案设计、方案汇报、落地实施这些是咨询项目的常规步骤，我们需要明确每个步骤的节点，甚至写进合同里。这样的项目定义才是清晰的。

2.项目计划与步骤

（1）项目负责人要制定明确的、书面的工作方案。制定明确的工作方案是为了把工作做得更好，如果连一个工作方案都没有，项目是没办法做的。

（2）明确工作方案中对于项目的定义。项目到底是什么，这是项目团队所有人都必须清楚的。一是对项目的目标、客户期望进行重申，二是对时间节点有一个大致规划。

（3）明确团队成员及分工机制和利益分配机制。

（4）工作步骤如何安排及时间节点是什么。一般咨询项目会分为六个关键环节，后面再详细展开论述。

三、项目团队管理

1.团队管理的内容

（1）项目团队班子组建：一个好的咨询师不会是单打独斗一人包揽所有工作的，他必然是以团队的身份出现。因为每个人都有各自的优势，咨询师也不可能穷尽所有知识体系，有的人擅长沟通，有的人善于组织协调，有的人善于文字。因此通过团队来把具备不同特质的人组合在一起，做出来的工作品质肯定是最高的。

（2）项目团队职责与分工：一个咨询队伍3—4个人的情况比较常见，通常会有一个负责人，带几个助理。对于助理也会根据他们的个人特长有所分工。负责人全盘掌控，并做好沟通计划，控制项目节奏，并处理重大问题。第一助理主要负责执行，第二助理和第三助理主要负责推进基础工作，如看账、处理文字、准备资料等。

（3）项目团队利益分配机制：如何分配团队工作内容，利益分配机制如何设计，这些会在后面部分详细展开讲，此处不赘述。

（4）项目团队内部及外部沟通机制：内部沟通机制，外部声音统一的问题归属于沟通机制的建立。

2. 团队管理三个要点

在最终复盘反思的时候，我们会发现，很多失败的项目可能在团队管理上就出了问题，团队管理有问题，必然导致服务品质出问题。在过往经验中，我们发现，团队管理有三个关键要点。

（1）团队人员搭配。财税咨询师本身是有一个分级管理的，因为咨询师对人的综合能力要求很高，不同的人能承担的任务是不一样的，因此必须要先分级。我们分为初级、三级、二级、一级，初级咨询师只能在项目中做一些简单的辅助性工作，三级咨询师能够做项目的第一助理，二级咨询师能做项目的负责人，一级咨询师基本上是一个全能型选手。一级咨询师与二级咨询师的区别，最重要的特点在于一级咨询师能够独立地谈判，独立地谈项目和接项目。

基于咨询师的分级，我们针对项目团队搭建三级机制。首先，咨询项目团队规模一般三个人比较合适，三个人可以安排三级人员错开互补，一个项目负责人，一个第一助理加一个第二助理，这样搭配比较协调。团队有它的成长机制，如果全都是负责人，项目肯定能做得很好，但团队要有成长，既要有经验丰富的老人，也要有年轻人，他们相互学习，通过梯度向上成长，形成良好的态势。在团队的内部分工中，项目负责人对项目总负责，核心沟通、整个项目中的所有问题解决都应该由项目负责人承担。第一助理是协助项目负责人的最重要助手，除了担当日常工作外，最重要的是写报告，只有站在负责人的角度思考问题，才能独立地写出相对完整的报告来，后续才能成长为独立的项目负责人。第二助理的工作以辅助支撑为主，重点在数据采集阶段，参与现场工作，有时候也会尝试看第二助理是否可以参与完成报告中的某一部分内容，以获得更多成长空间。

有了团队的人员构成，就需要思考团队的搭配模式，这里介绍松散的团队与紧密的团队。有很多咨询公司其实是一个松散的团队，他们就某一个项目临时组建团队。如果是临时组建的团队，意味着团队成员没有磨合，缺乏默契的协作机制。通常情况下，临时组建的团队难以给客户带来满意的服务。大多数情况下，我们希望通过紧密的团队合作模式来为客户提供优质的服务，在这种团队模式中，大家会有共同的价值观、共同的工作理念、共同的协作机制以及共同的做事方式，通过搭建稳定的、紧密联系的团队，才能确保客户的满意度，松散的、临时的团队最终必然带来服务品质的下降。

（2）团队利益分配。对咨询师而言，通常有三层利益分配。首先是工资薪金，其次是项目的提成，在成熟的公司里，也可能有员工持股或者平台分红。很多关键的问题都来源于利益分配，利益分配工作做得好，团队就有好的精气神，就有充分的动力去做项目。如果利益分配得不好，就容

易出问题。在利益分配上,有几个要点要注意:

第一,项目内部的利益分配是先定还是后定。如果先定,作为项目团队成员而言,心里比较踏实,但又可能会引发偷懒的问题,比如在既定的分配机制下,干好干坏都一个样。后定的话往往给项目负责人很大的权力,有些时候可能会存在由于监管不力导致项目负责人侵占团队其他人利益的情况。因此先定还是后定,需要结合公司的实际情况商定,我们建议采取折中的办法,部分先定,部分可以调整,这样团队成员有一个较稳定的预期,同时还有部分调整空间。

第二,谁对利益分配有决策权。项目经理做整个项目,最有发言权,因此应该给其一定的权力。一般情况下,只要项目经理的决策不出格,可以由项目经理拿意见做利益分配,公司的方案要备案。如果出现重大问题,公司有权干预调整。

第三,利益分配采用提成制还是项目利润制。项目利润需要剔除成本和费用,乘以既定的比例即可得到各部分的利益分配。行业较多采用利润制,项目成本费用比较难以控制,采用利润制最大的问题是成本费用能否服众。

第四,项目提成是先发还是后发。以专项项目为例,付款节点通常有两个,第一个是在签署合作协议的时候付款50%;第二个是在项目汇报方案的时候,若对方认可,再支付剩余的50%。如果是这种情况,项目都是预付款,第一笔钱到账时工作还没开始干,因此发提成的时候至少要在工作做完得到客户认可之后才能发,否则容易在极端情况下,客户退款导致公司承担损失。有时候合同也会约定,如果因为咨询方问题给客户造成损失,要由咨询公司承担,这也说明不是钱到账就能马上分掉的,关键在于工作是否已经被客户认可,这样发钱的基本原则是,第二笔钱到账,付第一笔钱的提成，第二笔钱的提成等到项目最终复盘完成时再发。

（3）团队沟通与文化。利益的问题核心是价值观的问题，文化也是价值观的一个体现，因此团队的沟通与文化很重要。每个公司都有自己的独特文化，没有统一标准，但有些共同的东西可以供大家参考。第一，做事用心，不会不重要，用心就能学会。第二，做事不能斤斤计较，计较是一个短视行为，很多长远的利益，在眼前不一定能看到，过于短视也会影响整体团队的氛围。

四、关键控制节点

项目启动会分为内部启动和外部启动，内部启动主要是定工作方案、定团队、定工作推进节奏。外部启动主要是为了让客户明白我们的工作节奏，后续的工作推进计划等。

项目现场工作主要是为了调研，通常要在客户的公司进行，所以叫现场工作。调研涉及调研的范围、需要准备的资料清单、调研的数据准备，以及出现问题如何沟通，如何高效工作等。

项目方案形成是拿到调研数据后，形成基本思路，再把思路变成方案，这个环节是整个咨询过程中技术含量最高的。因为咨询成果大部分是要出一个方案的，而把思路落地变成文字稿的方案，再结合数据让方案变得完整从而形成一份报告，这个过程是比较复杂的。我们要做三级复核来确保报告的品质可控，并确保一旦出现问题，能够找到责任人。

项目方案汇报是最重要的内容。写出来的东西大家未必有耐心逐字逐句看，最重要的还是通过咨询师的汇报来了解方案应该如何落地。因此这个部分要解决由谁汇报方案、谁参加汇报、汇报的注意事项有哪些等问题。

　　方案落地的实施方案如何设计、如何汇报只代表项目完成了一半，最终项目能否让客户感受到实在的好处，还是要依靠完整的落地实施。只有落地实施才能让方案变成客户经营的现实，因此落地实施比较困难，在实际落地过程中总会遇到这样那样的问题。在这个过程中，咨询师需要继续配合企业一起落地项目方案。

　　项目复盘既包括咨询公司内部复盘也包括给客户做复盘。通过复盘去整理哪些工作完成了客户期望，哪些地方出现了问题，过程中有哪些风险。

第四节　提升客户满意度的三大抓手

不同的咨询师对于咨询服务的最终目的的理解是不同的，有的人认为为客户解决问题是最终目的，有的人认为让客户满意是最终目的。需要明确的是，客户满意是终极目的，而解决客户的问题只是手段与过程，只解决问题是不行的，咨询师要在解决问题的过程中，随时关注客户的需求，保持沟通，最终确保客户满意度。当然如果解决不了问题，客户也是无法满意的。

一、产品服务的高品质

决定产品服务高品质的因素有很多。首先，方案有效是根本。做咨询服务工作，最核心的产品就是方案，方案本身是否合规，能不能落地，这些都决定了方案的有效性。其次，专业人员是关键。在咨询项目过程中，与客户沟通打交道要体现咨询师的专业性，遵守职场礼仪，遵守职业道德，这些都是咨询师具有专业能力的表现。最后，咨询师在过程中体现的敬业精神最直观。在咨询项目执行过程中，有很多工作都需要在跟客户接触的前提下才能推进，咨询师对客户的用心，客户是能够有一个直观感受的。做事认真细致、以交付为导向，这些都能让客户更加认可我们的服务。

二、信守承诺

在咨询行业里，个人品牌非常重要。咨询师如果想在咨询界占有一席之地，一定要信守承诺。要信守承诺，就必须做到以下三点：

第一，不轻易承诺，一旦承诺就要竭尽全力去付诸实践。

第二，承诺要留有余地，不能把话说死。人生活在不断变化的环境中，总有一些因素是人所不能控制的，面对无法预料的变化，就需要我们在承诺中留有余地，不能把自己逼到墙角。

第三，搞清楚咨询师的定位，不答应不符合本身定位的事情。财务人员做专业范围内的事，如果不是专业领域的事情，绝对不要去做。

三、做好与客户的沟通

第一，要及时反馈。沟通中的反馈速度一定要快，客户问你的问题，要尽快拿出方案，简单的问题第一时间沟通到位，重要的问题不要超过24小时回复。很多时候客户的不满来自他认为你忽视了他，如果很长时间没有反馈，他就会觉得他在你的心中并不重要。

第二，要定期拜访。这一点在咨询合同里面可能会有约定，要有一个定期的拜访机制。除了这个拜访机制外，也可以有一些额外的沟通问候，比如节假日的沟通问候，或者特殊事项的沟通，这些都比较重要，能够很好地拉近与客户之间的关系。

第三，要倾听意见。咨询师要口才好能讲，大家都比较认同，但有时候过于自信反而是坏事。因为咨询工作需要做大量的沟通工作，不仅要自己讲，也要听听客户想表达什么，客户想要什么，想做什么。如果只按自己的想法去做，至少有5%的概率会做错。所以倾听客户的反馈非常重要，要建立反馈机制，定期听取客户的意见。

第五节　咨询项目成交九宫格

表5-3　咨询项目成交九宫格

1.摧毁观念	2.塑造价值	3.挖掘痛苦
4.价格优惠	9.成交	5.赠送礼物
6.提供保障	7.客户见证	8.提供建议

一、摧毁观念

从建筑学的领域来看，如果想建一座新楼，首先要做的，就是把原有的旧楼拆除。我们把客户心中原有的认知当作"旧楼"，那么想要顺利成交，首先要做的就是拆除这座"旧楼"，这就是成交第一步要做的事情：摧毁观点。

要做到这点，财税咨询师首先要能够辩证地看待许多问题。我们身边人的很多思想和观点，没有绝对的对错，换一个前提，换一个背景，它可能由错的变为对的。因此，我们应该用辩证法去看待它。有很多思想和观点，比如说"对于一个企业来讲，经营重要还是管理比较重要？"大家很可能会说经营重要，很多人马上又会站起来否认这个答案，说管理重要。很多企业都败在管理上。有人说经营重要，有人说管理重要，客观来讲都有一定的道理，他们站位不同，考虑的角度不同，得出来的答案就不同，没有对错之分。当把这个问题抛出来之后，那些一直强调经营重要的人就会发现管理也很重要。同样地，那些说管理重要的人也会接受不可忽视经营的观点。这个时候他们就会意识到自己固有认知的不足，从而开始勾起想了解更多知识的欲望。同样地，如果问业务重要还是财务重要，对于财务人员来讲，大部分人会同意财务更重要的观点，但其实，业务是出口，而财务是归口，一切业务的状态都在财务中得到体现。因此不能单看某一个问题，而应当将之联系起来看。这就告诉我们，要先了解老板原有的观念，找到切入口，摧毁它。当他固有的观点、长期以来的认知被摧毁的时候，他的能量瞬间就下降了。根据能量守恒定律，老板的能量下降，咨询师的能量就快速上升，这就是能量的此消彼长。在老板的固有观点被摧毁之后，他就会变得谦卑起来，也开始重视老师讲的内容，这样课堂就开始了一个正循环。如果没有摧毁老板的固有认知，客户坚守固有的认知，他对讲课老师不信任，一直以一种怀疑的眼光和挑剔的态度听课，那样他是听不进去的。除非你通过极其犀利的理论、有吸引力的表现形式去征服他。但这些很难做到，摧毁观念通常来说却更容易做到。

老板有过成功的经验，往往会比较偏激，看问题较为局部，这就是他们欠缺的地方。这也给了老师机会，通过我们系统的方法论，颠覆客户原有的观点，从而让他们认识到自己知识的局限性，再转而建立起对老师的信任来。

在讲课现场，我们建议开场就要摧毁老板原有的价值观，让老板意识到自己的想法太偏激、太片面，而老师的观点则更客观、更系统，从而建立一个新的认知，降低他们的能量。把他们的能量打下去之后，老师的能量场就建立起来了，自信瞬间提高。要做到摧毁这一步，就是要找到老板的盲点。老板之所以可以做成一家企业，他自我的能力肯定是不弱的，能力不弱的老板天生骨子里有一种骄傲，他太自我，太自信。但不管是谁，再有能力的人也还是存在一些盲点。这些盲点就指引他们来到我们的课堂上，找到这些盲点，逐步摧毁他，才能引导他们进入我们的课堂，才能让他有所收获。

二、提供建议

在成功摧毁老板固有观念之后，我们需要给老板提供建议，给他一个思考的方向，而这个思考方向就是你整个课程的框架。我们需要告诉老板，如果你按照我这个课程的框架听完，你今天就能大有收获，这次课程就没白来。这个课程既能帮你解决一些问题，还能让你有更大的成长。因此在摧毁他们的观念之后，需要给他们一个课程的框架。你可以按照当天的课程主题来设定框架，例如："今天我将会给大家讲三个问题，第一个，跟大家聊一聊国家税法，尤其是新冠病毒感染之后，国家出台了很多新政策。各地可能具体政策上大同小异，不过这表明了国家的一些新的导向，我们跟大家讲一讲，大家可以找找相关的机会。第二个，我们给大家讲讲在这个阶段，企业可能会面临一些风险，这些风险无处不在，如果你不在意，有可能遭受巨大的损失。第三个，我们会讲讲这些年国家在税法上的升级和改革。不管是企业单位、事业单位、公益慈善机构还是演艺界明星个人，都有一些税法的新政策出来。"在这个课程的框架抛出来后，老板们就很感兴趣了，这些通常是他们在日常经营中很少关注的点，老师今天讲出来了，他们自然会有兴趣关注。

从摧毁观念到提供建议，重新给一个思考的方向，这是讲课成交的第一条线，叫思维线。合理地提出建议，设计老板感兴趣的话题，我们先要找到他们的盲点，这要求我们要多看政策、多看时事，同时要多和公司的产品做嫁接。这样才能很好地埋设我们的思维线，从而把客户带向成交。

摧毁观念	塑造价值	挖掘痛苦
价格优惠	成交	赠送礼物
提供保障	客户见证	提供建议

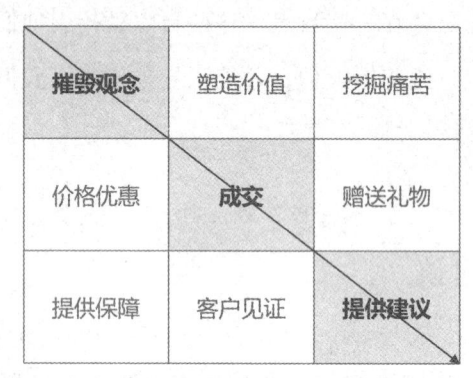

图5-1　咨询项目成交九宫格之思维线

三、挖掘痛苦

不论处于任何位置、具备任何能力的人，都会有痛苦。同样，不仅不同企业规模、不同行业的老板有痛苦，处于不同阶段的老板也有痛苦。成功企业如字节跳动，老板张一鸣有痛苦；企业规模大如华为，老板任正非也有痛苦；刚刚创业的小公司老板一样有痛苦。只不过各个阶段的痛苦表现形式不一样。越小的企业遇到的问题越多，多则杂，相互交织，难以解决。越大的企业遇到的问题越难，不好抉择，轻易做出一个决定就可能让企业丧失前程。从这个点出发，我们去列举当下这些企业存在的典型困难，一个一个列举出来，引发老板的共鸣，这个过程就叫挖掘痛苦。

四、提供保障

痛苦挖完之后，我们就需要提供保障。保障是什么？就像我们卖东西，一般会提供"三包"。"三包"通常国家规定，包修、包换、包退。有的企业也为他们的产品提供"五包""六包"，当然保障越多，客户越放心。比如淘宝买东西，有七天无理由退款的规定。咨询师有的课程，也设置无效退款政策，客户听不懂、不满意就退还学费。就好比病人去看病，痛得不得了，医生还撒把盐，客户感觉痛不欲生，这个时候病人的求生欲非常强。你再适时把课程保障推出来："你买我的课程，我们不光老师非常专业，有强大的知识储备，而且我们还有专家提供支持，解决疑难杂症，我们的小伙伴还 7×24 小时不间断地提供服务。"这个时候，听课的老板就会意识到，公司的服务真周到，这个公司不仅是一个简单的培训公司，还是具备一整套解决方案的公司。他会意识到，"我不仅是报了一个课，围绕这个课还有很多对我的利益有保障的东西。最基本的话，我学不明白，他还能给我退款"。这样解决了他们的后顾之忧，就为后续成交奠定了基础。

从挖掘痛苦入手，再提供保障，这条成交线我们称之为保障线。成交客户，最终促使客户买单的，一定是产品让他们感到有保障、放心，因此保障线必不可少。

摧毁观念	塑造价值	**挖掘痛苦**
价格优惠	成交	赠送礼物
提供保障	客户见证	提供建议

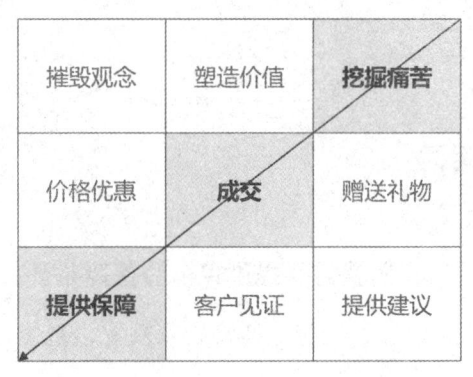

图5-2　咨询项目成交九宫格之保障线

五、塑造价值

中间这条线，叫价值线。公司产品、专家政策等，都需要通过老师在课堂上来塑造，这个环节叫价值塑造。通常情况下，我们讲课开篇就会塑造价值，先把讲师的价值塑造起来，这是建立老板信任讲师的关键步骤。在建立了信任之后，再讲解公司产品、咨询服务的价值，这个环节保障了最终的成交。讲师再有价值，客户也未必买讲师所卖的产品，而产品本身的价值是客户购买的主体部分。

摧毁观念	**塑造价值**	挖掘痛苦
价格优惠	**成交**	赠送礼物
提供保障	**客户见证**	提供建议

图5-3　咨询项目成交九宫格之价值线

六、客户见证

塑造完价值后，要有一个验证的端口，这就是客户见证。如何证明讲师真的有价值、服务或产品真的有效果，让老板相信你的价值陈述，就是客户见证的内容。我们通过许多客户案例，来讲哪个客户通过我们的哪类服务或产品，解决了他们事关生命的问题，让老板如何受益，这个证明了我们的产品和服务是超值的。把课程中的这个环节理解为写文章，成交是结论，提供客户见证就是提供论点论据。因此客户见证在成交中也非常重要，设计客户见证，对成交最有帮助，这个工作需要很多功力才能做好。

七、赠送礼物

赠送礼物对成交也有帮助，送礼我们可以理解为锦上添花。给客户送礼，要与成交的业务或产品直接挂钩才有效。通常情况下，咨询项目服务相关的礼物会是配套的一些实际操作工具、培训、上课的门票等，有时候也可以是配套的软件。总之送礼是为了给客户更多购买的理由。

在设计礼物的时候，我们会采用打包袋形式，比如送门票、送 U 盘、送书，有时候根据具体销售的产品，也会采用大产品送小产品，这些套餐组合会让客户觉得非常超值。当然，我们在送礼的时候，一定要突出礼物的价值，如果客户感知不到礼物的价值，他是不会珍惜的，这样的礼物带给客户的满足感就降低了。而且如果赠品质量不好，反而会令客户对所购买的主体产品产生疑惑及不满。因此赠送礼品既要保证质量，还需要进行价值塑造。

八、价格优惠

与赠送礼物类似，我们还可以在课程中制定相应的价格优惠政策，促成双方成交。价格设置也是一门单独的学问，通常情况下咨询项目一般是不会设置直接的价格折扣的，但其他的服务或产品中经常用折扣方式。具体情况还要看各个公司的政策。

九、成交

从赠送礼物开始，到给出价格优惠，再到最后提出成交的这条横线，我们称之为政策线。赠送礼物是提高产品价值，而提供优惠政策是降低客户的成本，这个一升一降是成交中比较常用的政策。在提供优惠政策并表明相应的礼物价值之后，要提出成交需求。在促成成交时，一定要清楚地讲明白与所推销的产品或服务相应的政策，包括价格、折扣、赠品等。客户不会刻意砍价，没有为了砍价而买产品或服务的客户，只有当他对你的产品或服务感兴趣时，他才会砍价。而砍价的主要动机则源自人类的本性，即占便宜的心理。如果面对的是想占便宜的客户，那就满足他的这种心理需求。提供折扣、提供赠品是非常合适的。如果不是客户主动提出来的，而是我们主动送出的礼品，对于爱占便宜的客户来说，是非常有效果的，能够促成他们成交。

摧毁观念	塑造价值	挖掘痛苦
←价格优惠	成交	赠送礼物
提供保障	客户见证	提供建议

图5-4　咨询项目成交九宫格之政策线

总结起来，咨询项目成交可以归纳为四个字：突、挖、勾、买。

1. 突——突出观点

找到客户的盲点，不关注的点。把他的观点引到从我们的角度看到的问题和提出的观点中来。

2. 挖——挖掘痛苦

用我们提出的观点打破客户原有的观点，重申客户面临的问题，放大客户的痛点。

3. 勾——勾起他们的欲望

我们抛出的观点为客户打开新的思路，从而勾起客户对于寻找解决方案的欲望。

4. 买——促进成交

在客户看清自身企业面临的问题后，我们要提出咨询公司的解决方案及成功案例，最终通过价值陈述、附加赠送、超值服务等工具促成业务成交。

附录：财税咨询常用工具

1.财税咨询工作任务清单

（1）实操客户询盘商机表；

（2）客户基本情况问卷表；

（3）财税咨询企业访谈提供；

（4）财税咨询顾问服务合同；

（5）行业现状发展分析报告；

（6）商业模式与商业计划书；

（7）咨询服务及项目进度表；

（8）财税咨询顾问工作底稿；

（9）企业财税诊断管理建议书；

（10）财税顾问标准化工作手册。

2.咨询项目交付文档标准

（1）合同——通读合同内容、关注非标事项；

（2）咨询调度单；

（3）进场前客户须准备的资料清单——视情况,准备不同的版本；

（4）离场前,咨询项目交付清单——PPT报告+交付清单(最好方式)；

（5）统一对外文件标准格式：带公司Logo的EXCEL模版/WORD模版/PPT模版；

（6）布置作业清单——下次需检查作业；

（7）项目交付价值确认书；

（8）项目结案证明——应在最后一次现场工作离场前取得。

3.财税咨询产品市场报价参考

附表1　财税咨询产品市场报价参考

产品名称	咨询产品介绍	定价	服务天数	交付天数
财务诊断	帮助企业梳理会计核算疑难杂症,查找账务处理的财务风险,出具会计检查说明书及财务核算改善建议书	小于10万元	2天	2天以内
税务诊断	帮助企业梳理税务疑难杂症,查找税务风险,出具税务风险说明书以及税务风险管控建议书	小于10万元	2天	2天以内
账务合规设计	设计内外组合型会计账务处理,构建会计核算一体化组织形式。理顺内外账账务处理、规范会计核算方法,防范税务风险,为营利性财务报表设计及决策提供依据	10万—30万元	2—3个月	每个月3天
盈利型财务设计	盈利型财务报表设计,经营分析报告会落地辅导。帮助老板读懂报表,懂得如何用财务赚钱、制定符合企业经营管理的盈利指标体系,指导企业经营并持续盈利	20万—80万元	3—6个月	每个月3天
打造高效财务团队	财务人员岗位胜任力及内控流程优化,制度流程落地培训,打造高效财务团队,规避财务风险	30—100万元	3—6个月	每个月3天